RESPONSABILIDAD SOCIAL EMPRESARIAL

UN DESAFÍO CORPORATIVO

Erico Wulf Betancourt

EDITOR

**EDITORIAL
UNIVERSIDAD
DE LA SERENA**

RESPONSABILIDAD SOCIAL EMPRESARIAL
UN DESAFÍO CORPORATIVO
Erico Wulf Betancourt /Editor

Primera edición: Marzo 2018
ISBN 978-956-7052-38-7

SERIE MONOGRAFÍAS ULS
Dirección de Investigación y Desarrollo

Editorial Universidad de La Serena
Los Carrera 207 - Fono (51) 2204368 La Serena
editorial@userena.cl
www.editorial.userena.cl

Impreso en Gráfica Lom

Agradecimientos

El editor agradece a los autores, que se sumaron con alto profesionalismo a esta iniciativa, y aportaron con sus artículos para este libro.

Así también, a los asistentes de investigación, que hicieron un entusiasta trabajo de campo.

Finalmente, agradece a las universidades que participaron y, especialmente, a la Universidad de La Serena por su apoyo en la publicación de este libro.

ÍNDICE

PRÓLOGO

La Responsabilidad Social Empresarial (RSE) ha sido una preocupación importante desde mediados del siglo pasado, con una constante ampliación y extensión de su alcance desde el ámbito interno de la empresa, hacia su entorno externo. En su origen, en la década del 20, enfatizaba un principio que no ha perdido vigencia en la actualidad y que indudablemente se ha hecho más relevante, sino tal vez -desde la perspectiva ética- más urgente, a saber: si la empresa utiliza recursos privados y públicos, éstos deben utilizarse de manera que los beneficios que generen no afecten negativamente, sino que favorezcan el bienestar de la sociedad. Desde la perspectiva de la economía, un complemento relevante a este argumento, es el hecho de que tales recursos son escasos. Es decir, tienen usos alternativos y, en consecuencia, no se trata solo de lograr beneficios privados, sino que éstos deben ser superiores a aquellos que se puedan lograr en otros usos. En otras palabras, la empresa también debe generar beneficios sociales sustentados en incrementos permanentes de valor.

Más aun, en el proceso de generación de valor, la empresa complementa los recursos privados que la sostienen (capital, talento, tecnología y gestión), con los recursos públicos (institucionalidad, infraestructura, reglas de política económica, conectividad, servicios públicos), y/o de propiedad común (medio ambiente). Sin embargo, en la medida que la empresa se guía solamente por sus costos privados, estos recursos no son parte de la ecuación de valor.-

En consecuencia, la primera vertiente de la Responsabilidad Social Empresarial, se relaciona con una visión de la empresa que utilizando recursos sociales y privados, se debe a una comunidad tanto como a sus dueños, para lo cual debe actuar con sentido de responsabilidad, tanto más que en un contexto de restricciones inherentes a tal comunidad, se generan relaciones de interdependencia, que para los fines del bienestar como un todo, se sostienen en base a estándares éticos más complejos.

El rol transformador de la empresa y su función insustituible para generar riqueza, no la exime de incorporar en sus modelos de gestión, compromisos relevantes de responsabilidad social para su vigencia como institución.

Los beneficios de la Responsabilidad Social Empresarial afectan positivamente los resultados de gestión que los directivos deben reportar a sus dueños. Tal es el caso de la mejor imagen y prestigio corporativo, mayor interés de los inversionistas, menor costo de financiamiento, disminución de la rotación de sus talentos humanos, mayor fidelidad de sus consumidores y una fuerza de trabajo más calificada que, finalmente, confluye en ventajas competitivas para la generación de valor y mayores niveles de productividad y competitividad.

Esta preocupación ha sido recogida por los organismos internacionales (OCDE, 1976). Posteriormente, desde 1987 y hasta 2004, la relación de la RSE y el desarrollo sostenible (ONU), que antecede al Pacto Global (1999) y la agenda 2030 respectivamente, cierra un primer ciclo con la norma ISO 26000.

La comunidad empresarial en Chile no ha sido indiferente a esta mayor atención con la responsabilidad social. En el año 2000, se realiza el primer seminario: "El compromiso con la sociedad como base del éxito de la empresa", que organiza el grupo *Acción RSE*, entidad sin fines de lucro, fundada en el año 1998. Posteriormente, en el año 2007 un grupo de empresas líderes, se integra al Pacto Global promovido por las Naciones Unidas, adhiriendo a sus cuatro valores (derechos humanos, normas laborales, medio ambiente y control de la corrupción) y a diez principios que, en su conjunto, contribuyen a la sustentabilidad local y global.

Este libro tiene por propósito articular una comprensión tanto de los factores conceptuales y normativos, que definen las fronteras de la RSE, como de aquellos que determinan e influyen su aplicación, no solo en entornos competitivos como respuesta a las demandas de sus consumidores o competidores, sino también considerando las preferencias y preocupaciones de una comunidad crecientemente empoderada, al igual que las instituciones y su normativa de referencia y grupos de interés (ONGs, medios de comunicación, universidades). Además, se busca identificar los criterios diferenciadores de las acciones efectivas de RSE, para evitar que se confundan con las prácticas de filantropía que realizan las empresas.

La filantropía es un loable objetivo que responde a una situación específica de interés empresarial (fomentar el arte, la cultura o la educación). La Responsabilidad Social Empresarial, en cambio, responde a un conjunto de principios y valores de gestión que identifican a la empresa tanto con su entorno interno (trabajadores, directivos y accionistas), como el externo (comunidad, consumidores/clientes, Estado y otras instituciones). Una encuesta aplicada en agosto del 2017 por la Confederación de la Producción y del Comercio (CPC), registró que el 94% de los encuestados cree que el medio más efectivo para fortalecer la relación con el entorno externo y sus grupos de interés, es la profundización de la vinculación con los clientes, que constituyen el nexo con el tejido social de la cual la empresa forma parte, y en la que se fundamenta que sus resultados sean sostenibles.-

Los artículos que se incluyen en este trabajo tienen el propósito de contribuir a la discusión y reflexión respecto del tema, desde la perspectiva de las experiencias internacionales y nacionales, que sugieren los lineamientos conducentes a una aplicación de la RSE, enlazada con los objetivos organizacionales y estratégicos de empresas y multinacionales competitivas.

La secuencia temática esta ordenada desde lo general a lo particular. El artículo del profesor Piasecki, nos muestra los aspectos normativos de la RSE y sus implicancias sociales en el ámbito internacional y en la Unión Europea, en particular, tanto en las pequeñas y medianas empresas, como en las multinacionales.

A continuación, este primer análisis se complementa con la revisión de la experiencia en RSE, de dos multinacionales del rubro minero (Piasecki y Wulf), instaladas en las regiones de la zona centro norte y norte de Chile.

El siguiente grupo de artículos (Medina y Severino), se relacionan primero con los enfoques y modelos de gestión conocidos que ordenan las variables relevantes en la aplicación de la RSE y su rol en los procesos decisorios, desde la perspectiva de los diferentes niveles de responsabilidad que se identifican en una empresa (legal, laboral, económica, institucional), que como conjunto definen el ámbito de la RSE. En segundo lugar, proponen un modelo de gestión integrado para ser aplicado por las empresas, considerando distintos niveles de complejidad para crear valor económico y valor social.

A continuación, se analiza el rol de aspectos específicos en la aplicación de la RSE. La importancia de los valores (Mercader), el emprendimiento (Espinosa) y el posicionamiento estratégico (Wulf y Rossel), como determinantes del nivel de densidad de las prácticas corporativas de RSE. Estos trabajos dejan en evidencia que las prácticas de RSE no se pueden concebir, sino existen desde los niveles directivos superiores de la empresa, definiciones valóricas que se aplican y validan internamente antes de proyectarse hacia el entorno externo y que, debido a su impacto, son relevantes de considerar incluso en el ámbito de la familia y la sociedad.

Igualmente, fomentar el emprendimiento no es ajeno de las orientaciones de RSE, aunque en menor grado de importancia en relación a los aspectos relacionados con los modelos de negocios que apliquen los emprendedores.

Finalmente, el último artículo (Wulf y Rossel), corresponde a una secuencia de investigación realizada en la Universidad de La Serena, que en base a una dotación de valores y principios iniciales, ha permitido identificar que la RSE tendría un ciclo de vida que se relaciona con el posicionamiento estratégico que propone la aplicación del modelo Delta, basado en la vinculación con los clientes. Además, se detectan niveles crecientes de aplicación de la RSE, según se avanza en la complejidad de aplicación de este modelo. Para medir los rangos de aplicación de RSE, se presenta un indicador (INRSE), que identifica valores entre 0 y 1. Estos resultados, aunque con limitaciones, sugieren que no todas las empresas tiene la misma capacidad de aplicar RSE. Esta depende de sus valores y principios, sus competencias organizacionales y del nivel de posicionamiento estratégico respecto de los clientes.

El texto en su conjunto, delimita el ámbito de aplicación de la RSE, asumiendo como dadas las restricciones legales, sociales, económicas, institucionales y de gestión estratégica, aunque con un rol central de los principios y valores corporativos, que deben ser definidos por los máximos niveles directivos de una organización. Toma en cuenta, además, el amplio consenso que existe respecto de que una de las competencias fundamentales de las organizaciones modernas, es su capacidad de construir relaciones estables y de mutua confianza con su entorno interno y externo, como condición previa para el logro de objetivos sostenibles.

Dr. Erico Wulf B.
Editor
La Serena, marzo 2018.

I PARTE: DEFINIENDO LOS DESAFÍOS

Responsabilidad Social: Los desafíos y sus limitaciones

Dr. Ryszard Piasecki
Univesidad de Lodz, Polonia

RESUMEN

El autor analiza las posibilidades y vulnerabilidades de la responsabilidad social empresarial (RSE) en los dos niveles principales: pequeñas y medianas del sector local y, en segundo lugar, las grandes corporaciones en el ámbito internacional. También se analiza la comprensión moderna de la definición de la RSE. Este concepto en las Ciencias de gestión, a menudo es mal entendido porque generalmente es visto como uno de los medios de la lucha para lograr una mejor posición competitiva. Por otro lado, para las Ciencias del Desarrollo, RSE es un instrumento eficaz de redistribución del ingreso y un sustento adicional al rol del Estado para apoyar a los grupos sociales más vulnerables.

1. INTRODUCCIÓN

Por muchas décadas, las empresas tenían como objetivo principalmente la maximización de beneficios, sin importar el impacto social y ambiental ligado a sus actividades. Esto comenzó a cambiar a finales del siglo XIX. Andrew Carnegie popularizó los principios de caridad en 1899, cuando publicó *El evangelio de la riqueza*. No obstante en esa época, las ideas de Carnegie fueron más la excepción que la regla.

La noción de que una empresa no es sólo responsable de sus finanzas había evolucionado y eventualmente consiguió el nombre: Responsabilidad Social Corporativa, que significa que una organización empresarial asume la responsabilidad por el impacto de sus actividades en sus empleados, clientes, la comunidad y el medio ambiente.

2. RSE EN LAS CIENCIAS DE LA ADMINISTRACIÓN

La Responsabilidad Social Corporativa (o RSE) se ha convertido en uno de los conceptos más importantes y significativos de la gestión moderna. La literatura sobre este tema, ofrece una variedad de definiciones de este fenómeno, pero ha sido generalmente considerado como un constructo amplio que comprende acciones dirigidas a los actores y problemas sociales. [1] Esto significa que los gerentes de la empresa y los propietarios no sólo son responsables de la gestión de las finanzas y aspectos legales de su actividad, sino que en algunos aspectos, también son responsables de la sociedad como un todo (McGuire, 1963, p. 144).

Responsabilidad Social Empresarial se define a menudo como un concepto en que las empresas integran elementos sociales y ambientales con las operaciones del negocio, gestión y relaciones con las partes interesadas. Ese tipo de comprensión de la RSE, ha sido reconocido por la Unión Europea. La Comisión Europea (2011), define la responsabilidad Social como "la responsabilidad de las empresas por sus impactos en la sociedad". Para cumplir plenamente con su responsabilidad social, las empresas "deben tener implementado en sus operaciones y estrategias claves, un proceso de integración social, ambiental, ética; derechos humanos y preocupaciones de los consumidores, en estrecha colaboración con sus grupos de interés.

El Consejo Empresarial Mundial para el desarrollo sostenible, destacó que aunque el objetivo principal de negocio es la rentabilidad y el desarrollo económico, no debe descuidar su impacto en la sociedad. Define la Responsabilidad Social Corporativa como "compromiso continuo de los negocios por comportarse éticamente y contribuir al desarrollo económico; mejorando la calidad de vida de los trabajadores y sus familias así como; de la comunidad local y de la sociedad"(Kotler; Lee, 2005, p. 3).

Philip Kotler, uno de los más importantes profesores de gestión moderna, hizo hincapié en el carácter discrecional de estas actividades. Según él, "responsabilidad social corporativa, es un compromiso de bienestar comunitario, a través de prácticas empresariales discrecionales; y aportes de recursos de la empresa"(Holme; Watts, 2000, p. 6).

Existen dos enfoques principales y sustancialmente diferentes a este concepto. Estos son el enfoque de autorregulación y el de regulación legal. [2]

Por supuesto, entre esos dos extremos, puede haber muchas alternativas. Todas estas dimensiones se definen y caracterizan como sigue:

1. *Enfoque de la autorregulación*, en el que empresas de decidan por sí mismos hasta qué punto participan en RSE, y cuales actividades de RSE quieren implementar. El papel del Estado es limitado;

2. *Regulación legal*, en que el gobierno juega el papel más importante. Esto se refleja en iniciativas multinacionales, que se basan en compromisos legales vinculantes.

3. *Enfoques de la regulación*, en que las partes interesadas participan en el proceso de formulación de políticas de RSE de la empresa. En esta "tercera vía" las organizaciones no gubernamentales, asociaciones empresariales, organizaciones gubernamentales e instituciones multilaterales, trabajar juntos en un marco constructivo para lograr objetivos complementarios en el proceso de la RSE.

La creciente complejidad, hace que sea imposible extraer un único modelo coherente de la RSE. En la investigación sobre Responsabilidad Social Corporativa, existen dos modelos principales: el primero es un modelo de las *Obligaciones después de los beneficios*, refiriéndose a la pirámide de Maslow de necesidades y, descrito por el economista estadounidense A. B. Carroll (1993). Este modelo divide la responsabilidad de la empresa en cuatro niveles (responsabilidades): económicas, jurídicas, éticas y filantrópicas. El nivel económico, se encuentra en el ámbito elemental, y es el más importante para la empresa; las actividades filantrópicas en cambio, son consideradas como responsabilidad de orden superior (Carroll, 1993, p. 28).

El objetivo primario y fundamental de la sociedad es lograr un beneficio que permite implementar otros objetivos. En el caso de incurrir en pérdidas o cero ganancias, la sociedad obviamente no puede exigir de la compañía a incurrir en responsabilidad en otras áreas. Estas son otras áreas de responsabilidad, que puede aplicarse sólo cuando una organización alcanza un nivel satisfactorio de rentabilidad.

Este modelo supone que en el ámbito de la responsabilidad económica hay una elección entre beneficio y riesgo. Los proponentes de este enfoque reconocen condiciones de mercado difíciles, condicionan a los empresarios a preocuparse en primer lugar por sus propios intereses, lo que también maximiza la riqueza social. Milton Friedman consideraba que la contribución de la empresa para el bienestar general se encuentra en la producción eficiente y eficaz de bienes y servicios, siempre y cuando la sociedad los encuentre útiles, y deja al Estado las cuestiones de la responsabilidad social (Grzegorzewska-Ramocka, 2009, p. 63).

El segundo modelo, popularizado principalmente en el trabajo de Y. Ch. Kang y D. J. Wood (1991), se llama *Obligaciones antes de los beneficios*. Este modelo es, en algunos aspectos, una jerarquía invertida. Se considera que los valores más altos y más importantes son los valores morales y que están subordinadas a todos los demás valores. Así, la base de la pirámide es la responsabilidad moral, que se toma sin importar las condiciones en que opera la organización. [3]

Según este modelo, la actitud moral de los propietarios, gerentes y empleados ordinarios crea valor agregado, que afecta las fases y profundidad de las relaciones con los grupos de interés y, da a la empresa una ventaja competitiva. Se sustenta en el supuesto que la empresa es un componente de una entidad más diferenciada como un todo, consistente en estructuras funcionalmente interdependientes y flexibles. El propósito principal de una empresa que pertenece a esta estructura, por lo tanto y, en cumplimiento de la normativa vigente, es apoyar el orden socio-económico, reconocer ciertos valores de un marco común y aplicar los objetivos básicos del desarrollo económico. La idea de solidaridad mutua, significa que una empresa, en busca de beneficios, no debe dañar a la sociedad.

3. RSE COMO ÁREA DE ESTUDIO EN DESARROLLO

La Responsabilidad Social Corporativa, puede ser considerada como un elemento de un área más amplia de las Ciencias económicas de la llamada economía social y, en algunos casos, de la empresa social. Hay una estrecha relación entre la RSE dirigida a apoyar a destinatarios seleccionados (desempleados, pobres, discapacitados, excluidos socialmente), y la economía social que contiene idénticos objetivos políticos.

También existe el concepto de la economía social de mercado, ampliamente utilizado en la Unión Europea, introducido en la Constitución (artículo 20), donde dice: "una economía social de mercado, basada en la libertad de actividad económica, propiedad privada y la solidaridad, diálogo y cooperación entre los interlocutores sociales, será la base del sistema económico de la República de Polonia". [4] Este concepto es una herencia de la escuela de Friburgo, definida como liberal por los defensores de este enfoque (la no intervención del Estado es parte de su rol "social"). G. W. Kołodko (2000) caracterizó uno de los principios de una economía social de mercado como la necesidad de conciliar eficiencia con equidad. Sin importar la diferencia entre los partidarios del estado del bienestar y el enfoque liberal, el elemento común es el tema de la sensibilidad a los problemas que afectan a las sociedades contemporáneas: desempleo, pobreza, exclusión. Por esta razón, el mencionado artículo 20 se refiere al diálogo de solidaridad y cooperación de los interlocutores sociales. RSE y economía social calza con la filosofía más amplia de la economía social de mercado y debe ser tratado como un valor superior.

La Economía social, también puede ser tratada como la respuesta a las irregularidades en el funcionamiento de la economía nacional, y los fallos del modelo neoliberal. Hay varias interpretaciones de la RSE, aunque es difícil identificar claramente sus estándares. Un relativismo aparente es la determinación del alcance de las actividades de RSE, que depende de las normas sociales, factores culturales y el nivel de progreso económico. Sin embargo, se debe señalar que una determinante importante de la RSE, es un intento de alejarse de una prioridad exclusiva a maximizar las ganancias.

La popularidad de la RSE aumenta, especialmente en las economías avanzadas, en parte, porque se trata como un incentivo adicional para ampliar el mercado, o como medios de aprobación, De todos modos, en el largo plazo las actividades de RSE contribuyen a obtener ventaja competitiva.

También se debe enfatizar la relación entre la RSE y la idea del desarrollo sostenible. Aunque este concepto se desarrolló más tarde, la RSE aborda la filosofía del desarrollo sostenible, especialmente con la inclusión del tercer pilar: la justicia social. La empresa que quiere poner en práctica los principios del desarrollo sostenible, debe respetar las expectativas de la RSE. Esto se popularizó por el Banco Mundial, que trata la RSE como un compromiso de negocio para contribuir al desarrollo sostenible en colaboración con los empleados, sus familias y las comunidades locales, con el fin de mejorar la calidad de vida, tanto para las empresas, como para fines del desarrollo social (Zapała; Kazimierczak, 2011, p. 165).

4. ASPECTOS NEGATIVOS DE LA RSE

Las explicaciones y críticas a la Responsabilidad Social aparecen regularmente en los medios y la literatura académica. Muchas de estas discusiones son repetitivas, pero una que agregó nuevos elementos al análisis del concepto, fue una sección especial en *The Economist,* en el artículo "La buena Empresa: un estudio de la responsabilidad corporativa." [5]

La tesis de la sección era que el movimiento de responsabilidad social corporativa domina el pensamiento de los modelos de gestión, lo cual es desafortunado, ya que no es necesario si se entiende correctamente el funcionamiento del capitalismo. Además, RSE se practica de muchas maneras diferentes, creando confusión con respecto a lo que realmente significa.

El artículo argumenta que no es necesario imponer la RSE en las empresas, porque ya están actuando de manera responsable. El punto clave es que el capitalismo ha sido la fuerza impulsora detrás de un progreso económico y social sin precedentes, pero desafortunadamente todavía genera sospecha, temor y es devaluado. Dos razones se dan para este temor del capitalismo: la idea de que el beneficio empresarial es incompatible con el bien público o social, y la creencia de que, en la búsqueda del beneficio privado, las corporaciones están imponiendo una carga paralizante que afecta la sociedad y el medio ambiente. No obstante, el artículo de *The Economist* no considera adecuadas a ninguna de estas razones. [6]

El artículo plantea que un interés propio inspirado y una conducta ética, trabajan muy bien juntos. Pero, estos dos valores deben entenderse en relación con el adecuado bienestar de la empresa y sin estos dos valores el negocio no es posible. El primer valor es la decencia, es decir, comportarse de forma honesta y justa. El otro implica la justicia distributiva, en la cual los beneficios de de la Corporación, se alinean con la aportación de sus trabajadores en adhesión a los objetivos de la Corporación. Por ejemplo, la compensación está vinculada al desempeño y la promoción al mérito. Con respecto a los grupos de interés, las empresas deben tenerlos en consideración, pero sin obligaciones de responsabilidad ante ellos. [7]

Este artículo generó bastante polémica, incluyendo varias cartas al editor en sucesivas ediciones, la mayoría de las cuales estaba en desacuerdo con la tesis propuesta. De hecho, un colaborador invitado de *The Economist*, respondió con una contra propuesta. Ian Davis, director general mundial de McKinsey & Company, dijo que los líderes de negocios, no deberían temer una mayor promoción del contrato entre empresa y sociedad; y que el papel de los negocios está cambiando (Davis, 2005, p. 69-71).

The Economist hizo un reporte complementario en enero del 2008, "Solo buenos negocios: Un reporte especial acerca de la responsabilidad social empresarial."[8] Adicionalmente, dedicó una página editorial titulando "Capitalismo ético: que tan buenos deberían ser sus negocios".[9] El tono de este segundo artículo fue diferente del primero (en el que se cuestionaba la legitimidad de la RSE), y se enfocó en como pueden lograrse los objetivos de la RSE.

Algunas observaciones en este segundo artículo fueron: La RSE ha logrado considerable *momentum* y más que ser una opción secundaria, es parte de la corriente central, aunque pocas empresas la están aplicando bien y tiene algunas limitaciones. No obstante, el reporte concluyó que la RSE es parte de los buenos negocios. Actualmente existe un nuevo y serio dilema: ¿Cuáles son los límites esperados de la RSE? o ¿Qué tan lejos pueden llegar las comunidades locales en sus demandas? Hay muchos y bien conocidos casos, en el que las comunidades locales se exceden en sus expectativas amenazando bloquear la producción si las demandas no son satisfechas.

Aunque hay varios argumentos para que las empresas se involucren en temas sociales, también hay muchos en contra, incluyendo los siguientes (Sexty, 2011, pp. 143-144):
- Maximización del beneficio es el propósito principal del negocio y cualquier otro propósito no es socialmente

responsable. Tener como objetivo cualquier alternativa distinta a la meta de maximizar los beneficios, es sabotear el mecanismo de mercado y distorsionar la asignación de recursos. En general, entonces, es contrario a la función básica del negocio, que se involucren en asuntos sociales. No hay que olvidar que es una institución económica, y no social, y su única responsabilidad es operar de forma eficiente dentro de la ley. La Corporación sería irresponsable si no se orientara a lograr beneficios y a actuar dentro de mercados eficientes.

- Las corporaciones de negocios son responsables ante los accionistas y, en efecto, no tienen ninguna autoridad para operar en el área social. Cuando una empresa se involucra en asuntos sociales, hay una cuestión de legitimidad. Incluso si las empresas son lo suficientemente competentes y de gran alcance, para lograr cambios sociales en asuntos considerados fuera del alcance de su participación inmediata, hay una pregunta en cuanto a si tales esfuerzos son apropiados. Los administradores, deben dejar que los accionistas decidan si desean o no involucrarse en temas sociales.

- La política social, es la jurisdicción de los gobiernos, no de los negocios. Éstos carecen de formación en cuestiones sociales, y de habilidades sociales necesarias para llevar a cabo programas sociales. En otras palabras, el negocio no es competente para asumir tareas de responsabilidad social.

- La responsabilidad social es vista por algunos como una excusa para que las grandes empresas incrementen su poder. Este incremento surge como resultado de vincular los negocios en cuestiones sociales y económicas. Imponer valores empresariales en temas sociales, puede conducir a una dominación inadecuada: las empresas ya tienen suficiente poder y sería inadecuado extenderlo a otros asuntos.

- La participación de las empresas en materia social, aumenta los costos -no sólo los costos de la organización, sino también posiblemente costos sociales- en lugar de disminuirlos. Esto a su vez, puede conducir al fracaso del negocio.

- No hay ninguna fuente reconocida de orientación confiable, respecto de una política de empresa en cuestiones de responsabilidad social, y no es fácil hacer la elección entre una acción egoísta o responsable en cuestiones sociales.

Responsabilidad social, es un concepto elusivo para el que existen pocas normas disponibles como para evaluar y controlar las acciones de las corporaciones.

- Como las instituciones en la sociedad, las corporaciones de negocios no pueden ser obligadas a dar explicaciones por sus acciones con tal de satisfacer las demandas al vincularse con temas sociales. Las instituciones involucradas en temas sociales, deben rendir cuentas a la sociedad por esa participación. En la actualidad, existen pocos mecanismos disponibles para asegurar que las corporaciones de negocios se hagan responsables de sus acciones sociales.

5. RSE EN EL ÁMBITO DE LA EMPRESA: ALGUNAS EVIDENCIAS EMPÍRICAS

Las evidencias que se mencionan a continuación, están basadas en dos estudios a nivel de empresa. El primero de ellos, trata de pequeñas y medianas empresas presentes en comunidades locales en el este de Polonia, mientras que el otro, muestra la aplicación de la RSE a gran escala, en empresas orientadas a la exportación impulsores de la economía polaca.

5.1. La RSE y las empresas de pequeña y mediana a escala en la comunidad local [10]

Los estudios iniciales, se implementaron en 2012 en áreas seleccionadas de la ciudad de Radzyń Podlaski, en Polonia oriental, actualizándolos en el año 2015. El objetivo principal del estudio era buscar evidencia de actividades de RSE, así como analizar si tales prácticas afectaban la competitividad de las empresas. La muestra fue limitada a 10 empresas y la investigación se realizó mediante cuestionarios.

Las empresas seleccionadas, se dedican a procesamiento de alimentos, suministro de energía (biogás), construcción, comercio, servicios de transporte y alojamiento. Los encuestados (un total de 60) fueron en su mayoría mujeres (65%) en la edad de 36-45 (55%) y mayores de 45 años (20%), educadas (liceo o colegios técnicos (65%), y de nivel universitario (28%).

Los resultados de la investigación pueden resumirse del siguiente modo:

- **El conocimiento de los objetivos de la RSE a nivel de empresa.** Este es generalmente bajo. Sólo el 23% de los encuestados, declaró que habían aprendido sobre objetivos de RSE. Sin embargo, la mayoría de ellos entiende la noción de RSE como el alivio a las personas necesitadas, que según su opinión, debe ser realizado por el gobierno y las ONGs. Para algunos entrevistados, la noción de RSE se asoció con la participación del personal en la solución de los problemas de la comunidad local, como resolver los problemas de la empresa en materia de derechos de los trabajadores. Durante las conversaciones con los entrevistados también apareció la cuestión del desarrollo sostenible (reciclaje, ahorro de energía).

- **La implementación de la RSE en la empresa**. A pesar de la baja conciencia de los objetivos de la RSE, casi la mitad de los encuestados afirmó que las empresas deben aplicar actividades de RSE. Apoyan, por ejemplo, participar en las acciones culturales locales: días de campo, exposiciones, reuniones, actividades de caridad, concursos, asistir a los programas para personas con discapacidad, proteger el medio ambiente e introducir normas éticas del negocio. La razón más común para la aplicación de las normas de la RSE, estaba en los principios éticos, así como el deseo de mejorar la percepción del mercado.

- **RSE e imagen corporativa**. Es indudable que el consumidor polaco se encuentra cada vez más sensible a si la empresa opera de manera ética y socialmente responsable. Por esta razón, las acciones de RSE para participar en asuntos sociales de la sociedad local, son importantes desde el punto de vista de pequeñas y medianas empresas, ya que su grupo objetivo es la comunidad local. Casi el 40% de los encuestados, confirmó que las acciones relacionadas con la RSE mejoran su imagen. Es decir, resulta que empresas responsables, sería más bien un asunto de relaciones públicas.

5.2. RSE en KGHM internacional [11]

Las empresas multinacionales pueden tener un impacto excepcional en la protección del medio ambiente y el desarrollo económico. Su estructura institucional es bastante compleja, porque tienen filiales y subsidiarias en diferentes países, con diferentes características institucionales y antecedentes culturales. Esta complejidad, se refleja en sus prácticas de gestión, las que deben adecuar según las particularidades de cada zona donde se instalan, como es el caso de las empresas mineras.

Como estas empresas invierten en diferentes países, se hace necesario definir bien el concepto de RSE y sus implicancias. Para las Naciones Unidas, la RSE es la iniciativa de la empresa para destinar parte de sus utilidades, para mejorar el bienestar de la sociedad a nivel local o nacional, con la finalidad de crear una imagen pública positiva y construir una base de consumidores educados. Es un compromiso para contribuir al desarrollo económico sostenible y trabajar con los empleados y sus familias, la comunidad local y la sociedad en su conjunto, con el fin de mejorar la calidad de vida y preservar el ambiente natural.

Existe una opinión ampliamente aceptada entre los altos ejecutivos y juntas de directorio de las multinacionales, que comprometerse con la RSE tiene el propósito y se justifica para lograr una mayor rentabilidad, así como para mejorar la imagen de la firma. También, en muchos casos, están convencidos de que la empresa que sigue el marco de la ética en los negocios, puede mejorar su ventaja competitiva. Además, más allá de la responsabilidad social y ambiental, un compromiso y buenas prácticas en relación con sus trabajadores y la comunidad, genera beneficios estratégicos desde el punto de vista legal, comercial, social y financiero. En este contexto, los gerentes perciben la responsabilidad social, como elemento de mejora de la imagen pública y la reputación de la empresa que facilita el acceso a los mercados, y aumenta el volumen de ventas al hacer visible la imagen de la empresa y su marca, que mantiene la fidelidad de los clientes a sus productos.

Sin embargo, no todas las empresas multinacionales (MEs), actúan en base a estos fundamentos, y tampoco saben como proceder para hacer frente a sus desafíos de negocio. Generalmente esto genera desconfianza, ya que pueden presionar para solicitar excepciones en los impuestos, reducir salarios o regulaciones ambientales más débiles. Sucede especialmente en los países en vías de desarrollo, donde el debate sobre el papel de las multinacionales es más fuerte y más políticamente distorsionado. En estos países, el desempeño de las empresas multinacionales genera una discusión mucho más beligerante. En muchos casos, esos países tienen recursos naturales y mano de obra barata, de los que las multinacionales tratan de tomar ventaja. Esto conduce a los conflictos sobre cómo negociar y distribuir los beneficios. En muchos casos, estas empresas son acusadas de imponer algunas condiciones, que afectan negativamente a la soberanía nacional de los países en desarrollo.

KGHM Polska Miedź (Kombinat Górniczo-Hutniczy Miedzi Polska Miedź), es uno de los mayores productores de cobre y plata en el mundo, que posea acciones en 33 entidades que operan en varias áreas relacionadas con su producción y los servicios asociados.

La Responsabilidad Social Corporativa en KGHM International se basa en su idea del **Daño Cero**. Esta política, significa que la empresa no realiza acciones que puedan perjudicar a los empleados, las comunidades y el medio ambiente. La política de "Cero daño", ocupa el primer lugar en la seguridad de cada día y el medio ambiente. El supuesto en que se basa el **Día de daño Cero** significa que en un día cualquiera no hubo lugar para que ningún empleado, contratista, vendedor, repartidor o visitante, tuviera que recibir atención médica administrada por un médico, enfermera, paramédico, técnico médico de emergencia, asistente de primeros auxilios, rescate de personal en la mina, debido a una lesión o enfermedad relacionada con el trabajo.

En el caso del medio ambiente, el "Día de daño cero", significa que un día cualquiera, no se generó liberación de materiales que representan una amenaza para el medio ambiente o la salud pública y seguridad y, como resultado de ello, no se reciben reclamos externos legítimos o que hayan superado un límite razonable.

Hay que tener en cuenta que las acciones particulares dependen de la situación y las necesidades locales. Un buen ejemplo, es el caso de la mina Robinson Nevada que actúa diariamente según sus valores y principios en beneficio de sus empleados y contratistas, las comunidades y el medio ambiente. Los altos estándares de la empresa en cuanto a participación de la comunidad, y las prácticas de trabajo ambientalmente seguras, complementan una política de "Daño cero".

Por ejemplo, Robinson Nevada donó cuatro pozos de agua y 850 mts. de tubería de agua a la ciudad de Ely (USA), para mejorar la eficiencia, confiabilidad y capacidad del sistema de agua municipal. Este esfuerzo cooperativo facilitó a Robinson Nevada, la obtención de derechos de agua, ya que la producción minera potencialmente afectaría la fuente que suministra agua potable a la comunidad. Dos de los pozos fueron construidos recientemente, y dos fueron rehabilitados por profesionales que realizaron una inspección visual mediante cámaras, análisis de tratamiento de agua y pruebas de bombeo, así como también limpieza física de los pozos. Equipos especializados instalaron nuevas bombas, motores, tuberías, paneles eléctricos de arranque suave, sistemas de bomba de inyección de cloro y realizaron mejoras en el suministro eléctrico.

La empresa minera "Robinson", ubicada en Nevada (USA), contrata a una empresa local cada verano para pulverizar las malezas nocivas, que son especies de plantas designadas por el gobierno como perjudiciales a la agricultura, ganadería, cultivos hortícolas, ecosistemas y los seres humanos. Robinson, ha tenido éxito en mantener bajo control especies tóxicas y evitar que se propaguen. En la realización de estas actividades, Robinson Nevada ha sido cuidadosa para seleccionar un tipo de semilla que prolifera en la zona y devolver el sitio a un estado similar al que existía antes de las actividades de la minería en un área determinada.

El proyecto Sierra Gorda en Chile, también se esfuerza por lograr "Daño cero" para sus empleados, sus comunidades y el medio ambiente. Todos los involucrados en el proyecto, empleados y contratistas por igual, apoyan los valores centrales de esta política.

En 2012, las operaciones de Sierra Gorda movieron más de 35 millones toneladas sin un solo incidente de tiempo perdido. A finales de 2012, este proyecto tenía registrados 2.227.884 horas-hombre sin accidentes, conforme a la norma del Consejo Internacional de minería y metales (ICMM). Durante 2012, el índice total acumulado de frecuencia de accidentes, y el índice de severidad fueron más bajos que el ICMM según las normas y leyes chilenas. Para lograr "Daño cero", Sierra Gorda SCM realiza una serie de actividades que incluyen formación, reforzar una conducta segura y seguimiento de normas de desempeño clave. Desde el principio, el proyecto de Sierra Gorda se ha realizado con "Daño cero", como su fundamento central.

Junto con otras empresas mineras operando en la zona, Sierra Gorda SCM, participa en reuniones y actividades con Juntas de Vecinos locales. Los vecinos pueden ofrecer a la empresa una buena retroalimentación mediante los buzones de sugerencias, una línea telefónica gratuita o por correo electrónico. Además, Sierra Gorda SCM lleva a cabo reuniones bimestrales de información a la comunidad, sobre el progreso de las operaciones en terreno. Durante estas reuniones con la comunidad, Sierra Gorda SCM detectó que los residentes locales querían más oportunidades de trabajo. Para responder a esta necesidad, la empresa implementó un plan de contratación de mano de obra local. El plan ha llevado hasta ahora a la contratación de más de 100 residentes de las comunidades de Sierra Gorda, Baquedano, Mejillones y María Elena como empleados de empresas Sierra Gorda SCM y contratistas. En la ciudad de Antofagasta, Sierra Gorda SCM participa en el "Run for Life" organizado por la Fundación contra el cáncer de mama.

SCM Franke, yacimiento de cobre ubicado a 70 km de Taltal y de propiedad de KGHM, en operaciones desde el año 2009, se compromete a la seguridad. La filosofía de "Daño cero", es la base en que la empresa ha construido sus sistemas operativos y gestión. Durante 2012, SCM Franke mantiene a una fuerza laboral promedio de 630 operarios que acumuló más de 1,2 millones de horas-hombre. La tasa de lesiones registrables fue de 0,17 y no ocurrieron lesiones permanentes.

Para lograr estos excelentes resultados, ha sido esencial centrarse en los siguientes aspectos claves de la operación:

- Sistema integrado de gestión de salud ocupacional, seguridad y medio ambiente.
- Gestión, personal de apoyo, liderazgo y supervisión: proporciona recursos, liderazgo visible, corrección de acciones sub-estándares y condiciones de operación seguras, para lograr las mejoras necesarias. SCM Franke se compromete a cumplir y hacer cumplir las normas. Periódicamente se realizan reuniones, para reforzar criterios de seguridad y medioambiente. Una gestión que favorezca la participación activa y nuevas ideas, ha llevado a la implementación de programas de seguridad como "Seguridad sin límites", iniciada por el Departamento de Procesos.

- Identificación, evaluación de riesgos y planificación de trabajo: un procedimiento para la obtención de buenos resultados sin sorpresas; el programa 5 x 5 (5 días de trabajo, por cinco días de descanso) busca hacer a cada trabajador competente en el reconocimiento de los riesgos y las correcciones necesarias antes de iniciar el trabajo. En periodos menores de 5 x 5, los trabajadores llevan a cabo cada tarea con el compromiso de asumir la responsabilidad de seguridad en sus propias vidas.
- Empleados que trabajan directa e indirectamente en las operaciones mineras, han sido educados en los conceptos de salud ocupacional y tienen la capacidad de evaluar su propia área de trabajo. Se ha medido el riesgo de enfermedades debido a exposición a polvo de sílice, ruido y vibraciones, y se hizo una evaluación cuantitativa de cada área. Se realizan actividades constantemente para cumplir con los requisitos y mejorar las condiciones de trabajo.

6. RESUMEN

La Responsabilidad Social Empresarial ha suscitado mucho interés y se ha convertido en uno de los temas más populares en las Ciencias de Gestión. La empresa se ha convertido en un actor integral de desarrollo social, en el que los consumidores se ven, no sólo como un mercado, sino también como una comunidad; en que las empresas deben seguir las reglas necesarias para mantiene el orden socioeconómico, aplicar valores compartidos, y no hacer ningún daño a la sociedad mientras que atienden sus fines de lucro.

En el caso de pequeños y medianos sectores actuando en el entorno local, las actividades de RSE tienen un significado especial ya que la comunidad local representa el grupo objetivo de clientes. Sin embargo, la opinión de los encuestados acerca de que la RSE es importante para la mejora de la imagen de sus empresas, demuestra que la responsabilidad social todavía es considerada como una de las herramientas eficaces en la política de relaciones públicas.

En el caso de KGHM International, como en casi todas las empresas grandes y multinacionales, también contribuye al crecimiento social y económico de la comunidad local, respetando el medio ambiente y las tradiciones locales. La mayoría de sus iniciativas, están vinculados a la seguridad de los trabajadores y protección del medio ambiente local. Una parte importante de las acciones es la cooperación con la comunidad local en la solución de problemas locales, especialmente con el suministro de agua. Debe tenerse en cuenta que las acciones de esta empresa suelen ser no muy diferentes de acciones realizadas por otras empresas, aunque su contribución es significativa e importante.

REFERENCIAS

Carroll A. B. (1993), Business and Society: Ethics and Stakeholder Management, College Division South Western Publishing Co, Ohio.

Chahoud T. (2005), Internationale Instrumente zur Förderung von Corporate Social Responsibility (CSR), *Analysen und Stellungnahmen 2/2005*, Deutsches Institut für Entwicklungspolitik, Bonn.

Chruślińska A.; Gudowski J. (2013), Społeczna odpowiedzialność biznesu w lokalnej działalności gospodarczej, *„Zeszyty Naukowe* 1(39), Uczelnia Warszawska im. Marii Skłodowskiej-Curie, Warszawa.

Clarkson M.B.E. (1995), A stakeholder framework for analyzing and evaluating corporate social performance, *The Academy of Management Review*, 20(1).

Davis I. (2005), The Biggest Contract: By Building Social Issues into Strategy, Big Business Can Recast the Debate about Its Role, *The Economist*.

European Commission (2011), A renewed EU strategy 2011-14 for Corporate Social Responsibility, Brussels.

Glinkowska B. (2012) Analiza wybranych modeli społecznej odpowiedzialności organizacji, Acta Universitatis Lodziensis. *Folia Oeconomica, Łódź. 265.*

Hillman A.J.; Keim G.D. (2001), Shareholder value, stakeholder management, and social issues: what's the bottom line? *Strategic Management Journal*, 22(2).

Holme R.; Watts P. (2000), Corporate Social Responsibility: Making good business sense, *World Business Council for Sustainable Development*, January 2000.

Kołodko G.W. (2000), Kapitalizm zbudowany w zasadzie, Warszawa.

Kotler Ph.; Lee, N. (2005) Corporate Social Responsibility, Doing the most Good for Your Company and Your Cause. www.willey.com

McGuire J. (1963), *Business and Society*, McGraw-Hill Book Company, New York.

Swanson D.L.(1995), Addressing a theoretical problem by reorienting the corporate social performance model, *The Academy of Management Review*, 20(1).

The Economist (2005), The Ethics of Business: Good Corporate Citizens, and Wise Governments, Should Be Wary of CSR, January 22, London.

The Economist (2005), The World According to CSR: Good Corporate Citizens Believe That Capitalism Is Wicked But Redeemable, January 22, London.

The Economist (2008), Just good business: A special report on corporate social responsibility, January 19, 2008, London.

Utting P. (2005), Rethinking Business Regulation: From Self-Regulation to Social Control, Technology, Business and Society Programme, 15/2005, United Nations Research Institute for Social Development, Geneva.

Wood D. J.(1991), Corporate social performance revisited, *Academy of Management Review*, 16(4).

World's 10 Biggest Refined-Copper Producers in 2013: http://www.bloomberg.com/news/2014-02-17/world-s-10-biggest-refined-copper-producers-in-2013-table-.html; KGHM International, Corporate Social Responsibility, 2013.

Zapała S.; Kazimierczak M. (2011), Ryzyko, ciągłość biznesu, odpowiedzialność społeczna, Wolters-Kluwer, Warszawa.

NOTAS

[1] Véase: M.B.E. Clarkson. Un marco de actores para analizar y evaluar el desempeño social corporativo, *Academy of Management Review*, 20(1) 1995, pp. 92-117. A. J. Hillman; G.D. Keim. Valor para los accionistas, gestión de partes interesadas, y asuntos sociales: ¿Cuál es la conclusión? *Revista de Gestión Estratégica*, 2, (2001), pp. 125-139. D. L. Swanson. Abordar un problema teórico reorientando el modelo de desempeño social corporativo, *Academy of Management Review*, 20(1) 1995, pp. 43-64,

[2] Véase: T. Chahoud, Internationale Instrumente zur Förderung von Corporate Social Responsiblity (CSR), Analysen und Stellung-

nahmen N° 2/2005, Deutsches Institut für Entwicklungspolitik, Bonn 2005, p. 2. P. Utting, Rethinking Business Regulation: From Self-Regulation to Social Control, Technology, Business and Society Programme, paper 15/2005, United Nations Research Institute for Social Development, Geneva.

[3] Véase: 10 mayores productores del mundo de cobre refinado en 2013: http://www.bloomberg.com/news/2014-02-17/world-s-10-biggest-refined-copper-producers-in-2013-table-.html; KGHM International.

[4] http://www.sejm.gov.pl/prawo/konst/angielski/konse.htm [fecha de acceso: 28.04.2017]

[5] "La buena compañía: una encuesta de responsabilidad corporativa". *The Economist*, sección especial de 24 páginas y editorial, (22 de enero de 2005: sección especial).

[6] "El mundo según RSE: buenos ciudadanos corporativos creen que el capitalismo es malvado pero redimible". La buena compañía: un estudio de Responsabilidad Social Corporativa, *The Economist* (22 de enero de 2005), págs. 10-14.

[7] "La ética del negocio: buenos ciudadanos corporativos y gobiernos sabios, deben tener cuidados de la RSE". La buena compañía: un estudio de Responsabilidad Social Corporativa, *The Economist* (22 de enero de 2005), págs. 20-22.

[8] "Sólo buenos negocios: un informe especial sobre responsabilidad social empresarial". *The Economist*, (19 de enero de 2008).

[9] Ibid, págs. 12-13.

[10] Véase: A. Chruślińska; J. Gudowski, Społeczna odpowiedzialność biznesu w lokalnej działalności gospodarczej, *Zeszyty Naukowe* 1(39), im Uczelnia Warszawska. Marii Curie Skłodowskiej, 2013.

[11] Basado en el material interno de KGHM.

La Responsabilidad Social Corporativa de las empresas multinacionales en países de desarrollo medio: evidencia de Multinacionales de Chile (AMC) y Polonia (KGHM)

Dr. Ryszard Piasecki
Universidad de Lodz

Dr. Erico Wulf B.
Universidad de La Serena

RESUMEN

Este trabajo analiza el impacto de multinacionales de Chile y Polonia en el desarrollo de la comunidad local, con especial énfasis en Chile, mediante el análisis de las políticas de responsabilidad Social Empresarial de Antofagasta Minerals Company (AMC). Para ello se realizó una encuesta (mayo 2013), que se aplicó a los habitantes de esa comunidad ubicada en el valle del Choapa, al norte de Santiago. Con el apoyo de herramientas estadísticas, se evalúan cuatro hipótesis para demostrar un impacto positivo de esta empresa (AMC) en su comunidad. El resultado muestra que teniendo en cuenta beneficios y costos, la evaluación de impacto neto es positivo, y todas estas hipótesis se validan. La conclusión principal, es que la comunidad otorga mayor valor a las variables relacionadas con las mejores oportunidades de empleo que surgen de estas empresas, al igual que los programas de educación.

INTRODUCCIÓN

El comienzo del siglo XXI, fue también el punto de partida para la definición -por parte de las Naciones Unidas- de sus objetivos del nuevo milenio, que las sociedades deberían enfrentar en un mundo cada vez más globalizado. Esto implicó un llamado global a todos los actores para combatir la pobreza, promover los derechos humanos y fomentar la tolerancia y la solidaridad, así como mejorar la protección del medio ambiente y procurar un desarrollo económico sostenible.

Para llevar a cabo estos ideales, era necesario una participación activa de todos los actores, incluyendo el sector empresarial, dado que grandes multinacionales se han convertido en entidades cada vez más influyentes y, por tanto, tienen un papel muy importante para hacer frente a estos retos de la sociedad global. Entonces, es imprescindible una mejor comprensión de como las multinacionales integran dentro de sus modelos de gestión, los requisitos para crear valor compartido (valor para la propia empresa y sus accionistas, las partes interesadas, las comunidades y la sociedad como un todo).

Al mismo tiempo, al extender su influencia sobre las sociedades, la globalización homogeniza la cultura y los valores, afecta los mercados de servicios laborales mediante la sustitución de mano de obra calificada, integra los recursos financieros, y crea megaciudades transformando la forma como las comunidades se relacionan con el progreso económico (Ferronato, 2000).

La gestión de las demandas de las comunidades y los ciudadanos, requiere de las Empresas Multinacionales (MNe´s), nuevos enfoques sobre desarrollo local. Por otra parte, las comunidades disponen de mejores medios para participar, y ser conscientes de los desafíos que plantean las multinacionales a sus expectativas de calidad de vida, estabilidad de sus trabajos e incrementos de sus ingresos.

1. GLOBALIZACIÓN Y EMPRESAS MULTINACIONALES: ANTECEDENTES

En la última década del siglo XX, la globalización profundizó sus raíces en el orden económico internacional, de manera que adquirió algunas características especiales que la diferencian de experiencias previas, en particular, la que se produjo entre fines del siglo XIX y comienzos del siglo XX, en que la inmigración, la integración financiera, y la flexibilidad de los mercados debido a la ausencia de un contrato social con el Estado, tuvieron un rol significativo (Tugores,1999).

Actualmente estas diferencias se reflejan:

a. Masiva introducción de tecnologías de la información en la producción y proceso de gestión de negocios, junto con el intercambio de información y comunicaciones a una mayor velocidad mediante las nuevas redes sociales, permitiendo las mejores condiciones para incrementar la movilidad de bienes, servicios, capital y oportunidades de negocio en los mercados globales.

b. Aceptación global de la economía de libre mercado para asignar recursos, crear riqueza y satisfacer las necesidades de la comunidad y a las empresas como fuerzas inductoras de mayor apertura de los mercados. Como contrapartida, el Estado pierde posicionamiento en su capacidad para definir factores de identidad nacional y controlar la influencia de las Multinacionales.-

c. El rol de los Gobiernos es importante para establecer el marco institucional, complementario a las economías de libre mercado y las empresas, en su búsqueda de beneficios a escala global dentro de ordenamientos legales propicios a la protección del medio ambiente, inclusión de género, restricciones a la colusión y fomento de prácticas competitivas.

El carácter expansivo de la globalización parece definir el núcleo de las empresas multinacionales (Qureshi, 1996), pero el marco institucional define el impacto de MNe´s en el medio ambiente, el desarrollo local y la demanda de energía. Así, el significado de la globalización, se convierte en un importante tema a tratar, en cuanto a la interacción y el impacto de las MNe´s en el medio ambiente, desarrollo sostenible, las necesidades de la comunidad y la preocupación por la seguridad energética.

Por lo tanto, es importante dejar claro, al menos en un nivel exploratorio cómo se promovió la globalización.

Hay dos explicaciones:

(a) La disponibilidad de una variedad de recursos a escala global, con precios menores que en cada país de origen, lo cual fomenta y refuerza la expansión de la MNe´s, debido a la mayor movilidad de factores que a su vez facilita la fragmentación de las cadenas de valor (Tugores,1999)

(b) La búsqueda de mayor rentabilidad del capital financiero, lo que es posible en mercados más grandes, debido a economías de escala en producción, logística y comercialización (Cobos, 1997; Rodríguez, 1997).

Como la globalización se basa en la integración y la interdependencia, es también una fuerza basada en más cooperación, especialización, competitividad y deslocalización industrial. Por lo tanto, la ventaja competitiva no es equivalente a la suma de diferentes países, ciudades o mercados, sino el resultado de la coordinación a nivel regional, geográfico y local de los factores que concurren a la creación de valor (Ohmae, 1991; Ramos, 1997). El alcance de la globalización sería difícil entenderlo en sus implicaciones para las comunidades locales, sin tener en cuenta la importancia de la función complementaria de los mercados, las empresas y los gobiernos, al igual que la incidencia clave de las empresas globales como inductoras del proceso globalizador. La brecha Gobierno –Mercado – Empresas, puede ser un factor explicativo de las tendencias recientes hacia una moderación del proceso globalizador.

Por lo tanto, la globalización implica la convergencia de las variables económicas y sociales, facilitando nuevas oportunidades en todos los ámbitos, y valores que se expanden para ser compartidos, pero que en tal proceso pueden perder su sentido identitario. En otras palabras, la globalización es un factor de ayuda para las empresas multinacionales, para ser más profundamente conscientes de las responsabilidades sociales en sus modelos de gestión.

Un enfoque más complejo puede encontrarse en O´Hara (1994), que identifica cuatro columnas que sustentan la globalización: el consumidor global, el conocimiento como un producto global, empresas globales y trabajo global. En este enfoque, los Gobiernos se reducen a una función normativa, con menor capacidad de acción autónoma. Los tratados y acuerdos de libre comercio, delimitan el rango de acción de los Gobiernos en materias de políticas económicas que inciden en la integración global.

La globalización y la mayor movilidad de los recursos no es neutral en términos de dislocación de puestos de trabajo, destrucción de empleo y sustitución de trabajo por capital (Rodrik, 1998). Además, la tecnología acelera los procesos sustitutivos, así como la brecha productividad-empleo (Streeten, 1996). Es decir, los incrementos de la productividad inducen a una mayor calificación promedio del trabajo, pero también eventualmente a una tasa más lenta de incremento del empleo, a menos que hayan altos niveles de movilidad, flexibilidad y acelerada capacidad de actualización de competencias.

En consecuencia, hay dos efectos que se mueven en direcciones opuestas, el efecto de creación de empleo y el efecto de destrucción de empleo. El efecto neto, dependerá de las características de cada mercado laboral, (más o menos flexible), pero sobre todo el perfil de competencias de la disponibilidad de mano de obra. Podría ser posible que aún con crecimiento económico basado en el dinamismo de los mercados globales, la creación de empleos no sea significativa debido a la carencia de las competencias apropiadas en el trabajador promedio, para los puestos de trabajo demandantes de mayor calificación.

La globalización no se refiere solo a cuestiones financieras, comerciales y laborales. También se trata de servicios. La importancia de los servicios es doble: por un lado se conecta áreas geográficamente dispersas, y por otra parte debido a los avances de tecnología de información, se ha convertido en un factor endógeno de crecimiento (Primo Braga, 1996).

Más sofisticación tecnológica en comunicaciones y procesamiento de datos, permite el movimiento más rápido de datos e información, facilitando la construcción de redes de servicios globales para apoyar las decisiones productivas, financieras y comerciales que tienen menores costos de transacción. Por ejemplo, entre 1980 y 1993 los flujos de servicios comerciales crecieron a una tasa de 7.7%, mientras que las corrientes de intercambios crecieron a una tasa de 4,4% Primo Braga ((1996).

Datos más recientes indican que en el año 2015, el 69,3% de la fuerza de trabajo de las economías latinoamericanas estaba ocupada en dicho sector, en comparación con el 62% del año 2010. Además, la incidencia del sector servicios en la generación de valor en latinoamérica y el caribe, aumentÓ a un 64% en el 2011, en lo que parece ser una situación propia de avance hacia niveles más avanzados de desarrollo.

La tecnología también tiene impacto en el proceso productivo, su eficiencia, la protección del medio ambiente y las necesidades de la comunidad. Este impacto, se puede aglutinar en tres categorías: Impacto social, económico y operacional.

Impacto social: Se refiere a los efectos en las expectativas de los consumidores, cambios sociales, el desarrollo local y mayor complejidad sistémica. En el caso de la complejidad del sistema, las empresas multinacionales utilizan una tecnología más sofisticada, que requiere de diferentes habilidades en toda su estructura organizacional. Los conocimientos se deprecian a un ritmo más rápido que antes. Las capacidades de las computadoras se incrementan exponencialmente. La comunidad tiene más y poderosos medios para dejar su mensaje a través de las redes sociales. Por lo tanto, es importante que el nuevo estilo de liderazgo y gestión, incluya nuevas habilidades de comunicación, nuevos enfoques a problemas tradicionales. El Estado debe mantener el ritmo con las nuevas exigencias derivadas de una red de conectividad de los ciudadanos de categoría 24/7.

El impacto de la tecnología en la sociedad, es amplio y complejo. Al respecto, se identifican algunos de mayor significación:

a. Desplazamiento de las ciudades, lugares y los trabajadores de un sector a otro, se pueden crear más puestos de trabajo, pero también puede destruir otros. Los impactos de estos cambios, afectan profundamente en la comunidad, que queda expuesta a las fluctuaciones económicas, de las podrían sobrevivir en la medida que surjan nuevas Empresas de alcance Multinacional.-

b. Cambios del perfil de la vida familiar, las mujeres podrían acceder a nuevos puestos de trabajo más flexibles, con diferentes horarios y más tiempo libre disponible. El teletrabajo, es una opción que progresivamente adquiere más relevancia (Wulf, 2016).

c. Incremento de la competitividad no neutral en la estratificación de la sociedad, que evoluciona desde un enfoque social a otro funcional. Cada grupo social dentro de la sociedad, es más importante por su contribución a la competitividad, que por sus antecedentes sociales y culturales, los que aun cuando constituyen capital relacional, por sí solos no son suficientes en relación al capital funcional de la experiencia.

d. Modifica el proceso de construcción de capital social, porque también se modifica el lenguaje, según como se manejen los medios de comunicación utilizados.

e. En el sistema educativo, que es la base del capital social, surgen nuevas metodologías, medios y enfoques de aprendizaje, además del acceso masivo a programas educativos en línea.

f. Desarrollo local. La tecnología ha hecho del desarrollo local un proceso más comprometido con los ciudadanos y la sociedad, en relación a lo más relevante para sus propósitos de calidad de vida mejor. La participación de la comunidad, los grupos de interés especial han ampliado la base para la toma de decisiones. Las necesidades locales, son una variable clave para la asignación de recursos financieros, lo cual demanda una coordinación tal, que solo la tecnología actual hace posible. Además, las autoridades locales debe estar más en contacto con la comunidad, sus expectativas y necesidades, en tanto son evaluadas en su desempeño, sobre una base diaria en las redes sociales.-

Impacto económico: se relaciona con el incremento de la productividad, la necesidad de invertir en investigación y desarrollo, la movilidad de los recursos, mayor calificación de los recursos humanos, auge y caída de productos y servicios (sea por obsolescencia, requerimientos ambientales o cambios acelerados en las preferencias de los consumidores inducidos por las nuevas tecnologías). El surgimiento del denominado "internet de las cosas", está generando una revolución industrial que se le ha calificado del tipo 4.0.

Impacto operacional: la estructura organizacional se fragmenta en células de innovación, mientras los procesos de producción se automatizan, surgen nuevas realidades basadas en el cambio continuo, se fomenta el teletrabajo y las transferencias tecnológicas entre áreas funcionales, como el transporte y los mercados de destino, mediante -por ejemplo- el posicionamiento satelital.-

2. RESPONSABILIDAD SOCIAL DE LAS EMPRESAS MULTINACIONALES Y EL MEDIO AMBIENTE: AMC (CHILE) Y KGHM (POLONIA).

Las empresas multinacionales tienen un efecto muy destacado en el desarrollo económico y protección del medio ambiente. Estas MNe´s tienen una estructura institucional muy compleja, porque tienen dependencias orgánicas situadas en diferentes países, con diferentes características institucionales y antecedentes culturales. Esta complejidad, se transfiere en sus prácticas de gestión, eligiendo en ocasiones transferirlas a formatos estandarizados (como Mc Donald), o modificarlas según las particularidades de cada zona donde se instalan (empresas de explotación minera).

Como estas empresas se insertan en los diferentes países, se hace necesario una definición sobre este concepto y sus implicaciones.

Para las Naciones Unidas, "la responsabilidad social corporativa (RSC) es la iniciativa de la empresa de invertir parte de sus ganancias en el bienestar de la sociedad, con el fin de proyectar una imagen pública positiva y crear una base de consumidores educados. Es un compromiso para contribuir al desarrollo económico sostenible y para trabajar con los empleados y sus familias, comunidad local y la sociedad, para mejorar la calidad de vida y preservar el medio ambiente" (Sarmiento, 2008; Accinelli, 2013).

Según Mababu (2010), los altos ejecutivos, al igual que el directorio de las multinacionales, consideran el compromiso con la RSE como un medio para tener un impacto positivo en la rentabilidad, así como en la imagen de la firma. También, en muchos casos, están convencidos de que atenerse a criterios éticos en los negocios, debe mejorar su ventaja competitiva. Además, más allá de la responsabilidad social y ambiental, la RSE, representa un compromiso y buenas prácticas con sus trabajadores, la comunidad y generan beneficios estratégicos tanto desde el punto de vista legal, comercial, social y financiero. En este contexto, los gerentes perciben la responsabilidad social como un elemento de prestigio de la empresa que facilita el acceso a los mercados, y aumenta las ventas al hacer visible la imagen de la empresa y su marca, que además logra la fidelidad de los clientes con sus productos.

Sin embargo, no todas las multinacionales entienden de la misma forma como enfrentar sus desafíos de negocio. Generalmente esto genera desconfianza, porque en ocasiones usan su poder para exigir excepciones en las políticas fiscales, reducir los salarios o las regulaciones ambientales en las economías más débiles.

Es en los países menos desarrollados y de desarrollo medio, donde el debate sobre el papel de las multinacionales es más fuerte y más políticamente distorsionado, y sus actuaciones generan más discusión. En muchos casos, esos países tienen recursos naturales y mano de obra barata, de los que las multinacionales tratan de tomar ventaja (Piasecki, 2016). Esto lleva a conflictos sobre cómo negociar y distribuir los beneficios que obtienen estas multinacionales. En muchos casos, se les acusa de imponer algunas condiciones que afectan negativamente a la soberanía nacional (Greenpeace, 2012).

Una iniciativa para tratar de evitar estos conflictos fue la publicación por parte de la OCDE (Organización para la Cooperación y el Desarrollo Económico, 2010), de las directrices para las multinacionales. Estas son recomendaciones dirigidas por los gobiernos a las empresas multinacionales, y enuncian los principios y normas voluntarias para un comportamiento empresarial responsable compatible con las legislaciones aplicables en cada país en el que se encuentran sus operaciones. La vocación de las directrices es garantizar que las actividades de esas empresas, deben realizarse en armonía con el interés de la comunidad, para fortalecer la base de mutua confianza entre las empresas y las sociedades, en las áreas que se refieren a su actividad y, -por otra parte- contribuir a mejorar el clima para la inversión extranjera y apoyar la contribución de las empresas multinacionales al desarrollo, a la reducción de la pobreza y la desigualdad.-

Entre los temas principales de estas directrices se encuentran:

a. Contribuir al progreso económico, social y ambiental según los propósitos de un desarrollo sostenible.

b. Respetar los derechos humanos de las personas afectadas por sus actividades, de acuerdo con las obligaciones y compromisos internacionales de los gobiernos.

c. Apoyar la formación del capital humano, particularmente mediante la creación de oportunidades de empleo y la oferta de formación técnica a los empleados.

La relación entre medio ambiente, comunidades, calidad del trabajo y las empresas multinacionales es tan fuerte y estrecha que la OIT (Oficina Internacional de Trabajo, 2008) ha puesto mucho énfasis en que "Para ser sostenibles, las empresas deben ser socialmente competitivas", especialmente cuando se trata de los trabajadores, el medio ambiente y las comunidades. Sin embargo, no hay acuerdo entre los diferentes agentes acerca de las condiciones que deben ser consideradas para que haya una contribución efectiva a la reducción de la pobreza, el buen uso de los recursos y la sustentabilidad el medio ambiente.

Mientras que los enfoques de gestión tradicionales, proponen un modelo de empresa que paga impuestos y genera empleo, los organismos de las Naciones Unidas creen que la empresa debe comportarse de manera responsable y, orientar sus estrategias de gestión deliberadamente en esa dirección, para hacer una contribución efectiva a la reducción de la pobreza y la desigualdad.

Tabla N° 1. Empresas Multinacionales y Responsabilidad Social Empresarial

AMC (Minera Los Pelambres, 1999) Chile	KGHM (Sierra Gorda, 2014) Polonia
5° lugar entre las empresas mundiales productoras de cobre.	8° lugar entre las empresas mundiales productoras de cobre.
Dispone de un Código de Ética (2011)	Aplica un código de buenas prácticas, y una política de "Cero Daño" hacia la comunidad, trabajadores y el medio ambiente.
Certificación ISO 14001, ISO 9001, OHSAS 18001.	Certificación ISO 26000.
Valores culturales basados en la RSE. Inversión total en programas de apoyo a la Comunidad USD 31,00 mill. (2014).	70% evaluación positiva de la comunidad (Polonia). Implementación de 41 programas con beneficio social (Polonia, 2012).
Focalización en temas de sustentabilidad: Seguridad, relaciones laborales, vinculación con la comunidad y sus preferencias, eficiencia de los recursos y acotar impactos ambientales.	Focalización en temas de sustentabilidad: seguridad, relaciones laborales, reducir impacto en el medio ambiente, eficiencia y necesidades de la comunidad.
Actividades MLP: IV Región: Programas de empleo y capacitación USD 3,8 mill. (2014). Fondo escuelas rurales USD 1,5 mill. (2013). Centro de entrenamiento técnico para Jóvenes (2016).	Actividades Sierra Gorda: II región: Fondos concursables para inversión en la comunidad: cultura, medio ambiente e innovación (2015). Política "Cero Daño": medio ambiente, comunidad y trabajadores.
Programas de reforzamiento de la comunidad local: USD 1,2 mill. (2012-2014)	Co-inversión en desarrollo local: Provisión de servicios de agua (2014).
Fundación Minera Los Pelambres: Beneficiarios 12.654 personas (2013).	

Fuente: Elaboración propia

3. METODOLOGÍA

La investigación realizada en el año 2013, fue de tipo descriptivo, exploratorio y explicativo, y se concentró primeramente en la recopilación mediante encuestas, de datos locales confiables , con el objetivo de evaluar el impacto de AMC y su filial "Minera Los Pelambres", en el empleo local, las necesidades de las comunidades y la preocupación respecto del medio ambiente. Se utilizó la escala de Likert, con tres categorías: importancia de lo social y asuntos de medio ambiente de la comunidad, la evaluación del impacto sobre las empresas multinacionales en esas zonas, edad y género.

Se utilizó una muestra aleatoria de los habitantes de la comunidad (198 casas), excluyendo los trabajadores transitorios, y habitadas de manera estable por mayores de dieciocho años de edad, para obtener sus percepciones sobre el efecto de las decisiones de la AMC, en el proceso de instalar un depósito de relaves (desechos de minerales), cerca de un pueblo situado en el Valle del Choapa; (Chile), al igual que el impacto favorable o no, de sus acciones de mitigación. (Varas y Cepeda, 2013).

Antes de hacer la encuesta, se utilizó la matriz de Leopold (1971), para identificar las variables y características del medio ambiente, que pueden ser afectados por las acciones de las empresas multinacionales. Estas características, se dividieron en tres categorías: recursos naturales, flora y fauna y, factores socio culturales. Las acciones consideradas de potencial impacto fueron: alteración del hábitat, uso de recursos, emisiones, tráfico vehicular, intervenciones socioculturales, accidentes y factores de desarrollo local.

Además, la investigación se basa en algunas premisas que, en la medida que se constatan como válidas, se hace más accesible una evaluación positiva de parte de la comunidad a la presencia de estas empresas.

En este caso se trata de una empresa cuyo Plan Integral de Desarrollo, consideraba en su Evaluación de Impacto ambiental, la "alteración del medio ambiente provocada directa o indirectamente por proyecto en un área determinada" (Ley 19300). Específicamente, la localización del depósito de relaves (El Mauro), estaba en un área próxima a recursos y áreas protegidas que podían ser afectados en su valor ambiental, modificaba el valor paisajístico de la zona, podía tener un efecto importante sobre la cantidad y calidad de recurso renovables como el agua, suelo y aire y, finalmente, era un sector de valor arqueológico, antropológico e histórico.

Premisa N° 1:
Las multinacionales tienen una influencia positiva en el nivel de empleo de la mano de obra local, incrementando la probabilidad de conseguir un empleo en el sector minero.

El impacto en el nivel de empleo y el desempleo, puede resultar del efecto directo de la fuerza de trabajo en la propia empresa. Más interesante, sin embargo, pueden ser cambios provocados por los efectos indirectos de la existencia de estas empresas, conectados tanto con la demanda derivada de bienes y servicios registrados por la empresa, así como los efectos multiplicadores en la economía local.

Premisa N° 2:

Las multinacionales, aumentan la demanda de trabajadores de mayor edad, así como, la de profesionales con habilidades y mayor educación, que afecta positivamente la calidad y la frecuencia de los programas de capacitación.

Las multinacionales, introducen tecnologías de punta y sistemas de gestión que aumentan la demanda de trabajadores calificados. Por otra parte, la formación profesional es uno de los ítems más requeridos entre quienes trabajan en la minería.

Premisa N° 3:

Las empresas multinacionales incrementan temporalmente el empleo, especialmente en formato flexible, lo cual aumenta las oportunidades de empleo a tiempo parcial.

La tendencia es hacia el empleo temporal, para aumentar la eficiencia y la competitividad de las empresas multinacionales.

Premisa N° 4:

Las acciones de las empresas multinacionales, generan un beneficio social neto para las comunidades. Por lo tanto, la maximización del beneficio privado, no descarta la maximización del bienestar social.

Las acciones de mitigación de la empresa para compensar cualquier daño eventual derivadas del depósito de desechos de mineral, incluyen poner en práctica una variedad de programas dirigidos a aumentar el bienestar de la comunidad.

4. ESPECIFICACIÓN DEL IMPACTO DE LA INTERVENCIÓN SOBRE LOS FACTORES SOCIALES Y AMBIENTALES

El significado (Sg) de cada impacto sobre las variables sociales y de medio ambiente, está determinado por su magnitud (Ma) positiva o negativa y, la importancia (Im) de dicha variable. Por lo tanto,

$$Sg = Ma + Im$$

La magnitud de cada impacto se determina por su carácter (Cr), (orientación del cambio), intensidad (In) ,(el grado de alteración) y, cobertura (Cb), (extensión), que se pueden expresar y relacionar como:

$$Ma = Cr^* (In + Cb)$$

Estos valores, quedan determinados en las respuestas de la encuesta por parte de la comunidad y se muestran en el Anexo 1.

5. Resultados y discusión

El análisis se dividió en dos grupos de variables. En primer lugar aquellas relacionadas con las premisas respecto de empleo (P1, P2 y P3), y luego la premisa N° 4 relacionada con los efectos sociales. Utilizando paquetes estadísticos, los resultados se clasifican según los criterios previamente establecidos y explicados en el Anexo.

Empleo Local. Hay una evaluación positiva sobre el impacto extensivo en las oportunidades de empleo, y probabilidad de encontrar un empleo (68% de respuestas favorables), formación profesional (84%) y mayores niveles de ingresos en la fuerza de trabajo local (67%), debido a su mayor productividad después de que se han implementado los programas diseñados por la empresa.

Además, también tiene una evaluación positiva, el aumento en la disponibilidad de empleos de tiempo parcial (servicios complementarios, actividades de emprendimiento), la demanda de mano de obra indirecta, que también afecta positivamente la movilidad del trabajo (salida de los trabajadores de la zona) (86%). En todas estas variables, la desviación estándar es baja, lo cual indica una convergencia en la valoración de su importancia. Por lo tanto, se constata que la P1, P2 y P3 reflejan una adecuada representación del impacto favorable de la acción de Minera Los pelambres (AMC), en la zona en estudio.

Las variables siguientes tratan de la P4: calidad de vida (64% de respuestas favorables): salud (62%), educación, (62%), infraestructura y servicios (83%). El resultado indica además de una baja desviación standard, una evaluación positiva y significativa de estas variables por parte de la comunidad, influyendo de manera favorable sus expectativas sobre el futuro. Mejores instalaciones de comunicación, lugares públicos y parques, ejercen fuerte influencia en esta percepción (92%).

Sin embargo, también se presentan percepciones negativas

relacionadas con una menor expectativa de vida debido al estrés y la ansiedad (64%).

Calidad de la vivienda. programas de control de ruido (54%) y vivienda. El 72% de quienes respondieron a las preguntas de la encuesta, tenían una valoración positiva de las acciones realizada por AMC respecto de mejoramiento de la calidad de la vivienda.

Conflictos y compromiso social. La comunidad detecta un aumento en los conflictos (73%), que se presentan debido a la acción de las empresas en la zona, pero no saben demasiado sobre el papel de las organizaciones locales para hacer frente a tales situaciones, aunque tienen una valoración positiva acerca de las organizaciones y sus actividades. (52%).

Variables culturales. La evaluación no indica percepción claramente positiva o negativa, (50%). Hay otros factores, aparte de aquellos en los que la empresa tiene incidencia, que tienen un efecto ex ante (relativo aislamiento, distancia del centro urbano). El estilo de vida local, no ha cambiado demasiado, aunque hay elementos nuevos, como los extranjeros con lazos menos conocidos dentro de los miembros de la comunidad, alterando de alguna manera los nexos de confianza entre los integrantes de la comunidad (51%).-

Ambiente. La evaluación respecto del uso del agua y la tierra es mixta. Mientras que el recurso agua tiene una alta demanda que afecta moderadamente su disponibilidad (64% desfavorable), deterioro de su calidad (49% ,desfavorable), alteración de cursos de agua (36%, desfavorable). Además, se recicla el 75% del agua utilizada, y en el caso específico del tranque "El Mauro", recicla hasta ocho veces el agua que contiene los desechos mineros. Además, el valor turístico de la zona, no se ha cambiado negativamente (60%).

La evaluación general positiva de estas variables, validan la P4 como una representación adecuada del impacto favorable de AMC (Filial "Minera Los Pelambres"), en su proyecto de instalar el Tranque El Mauro.

En cuanto a la relevancia general para la comunidad de cada

una de estas variables, la clasificación considera como las más importantes a la vivienda, educación, creación de empleo y calidad del aire (65%). Las menos importantes son aquellas relacionados a las tradiciones y valores culturales. En cuanto a las variables de entorno, las de mayor importancia son el agua, acciones de control de contaminación de aire. De menor magnitud en cuanto a relevancia, se considera el programa de reciclaje, aunque un 72% apoya su aplicación.

CONCLUSIÓN

El análisis permite concluir que de 39 variables de impactos sociales, pertinentes para la intervención derivada de la instalación del tranque "El Mauro", había un 72% con una evaluación positiva por la comunidad. La más relevante, son aquellas relacionadas con el empleo, infraestructura, servicios y educación, que tienen una fuerte influencia en las expectativas de permanecer en la zona, reduciendo las tasas de migración rural-urbana.

El impacto de las variables de entorno (28), tiene 58% de evaluación positiva. Sin embargo, la comunidad no tiene demasiada sensibilidad respecto de estos temas.

La comunidad responde positivamente a mejores oportunidades para actividades de emprendimientos y nuevos empleos (83%), aunque con una percepción negativa sobre su estabilidad (66%).

El balance general de todo el conjunto de acciones propuestas en su momento por AMC en esta área y su impacto en la comunidad, muestra un resultado positivo y una favorable percepción de la comunidad. Esta evaluación no implica que no se hayan presentado aspectos negativos, tales como aumento del stress (64%), niveles de ruido (54%), polución (54%), flujo vehicular (76%), o generación de conflictos (76%), todos relacionados con la calidad de vida. Sin embargo, en el balance final en la priorización de los factores de mayor preocupación para la comunidad destaca el rol del empleo. No obstante, hay que mencionar que como se trata de variables en evolución, la percepción de la comunidad puede variar en el tiempo.

2013...

Minera Los Pelambres, decidió (2013) crear un Comité de Sustentabilidad y grupos de interés, para recomendar al directorio, políticas, estrategias y metas en materia de sustentabilidad. Además, el año 2016 y después de 9 meses de dialogo, se logró un acuerdo con la comunidad de Caimanes que fue aprobado por el 84% de sus habitantes.

Este acuerdo incluyó:

- Asegurar a la comunidad, el consumo de agua en cantidad y calidad
- Impulsar medidas que garanticen la seguridad del Tranque El Mauro.
- Crear fondos de desarrollo para contribuir al bienestar de las familias que habitan el valle del PuPio y el progreso de sus comunidades.
- Constituir comités con representantes de los vecinos, para acompañar el cumplimiento del acuerdo.

ANEXO N° 1
Social and environment variables of higher incidence in three zones of the Choapa Valley

Zones 1									
Social variables	Av	Md	SD	Va	Environmental variables	Av	Md	Sd	Va
Social conflicts	1	1	0,416	0,173	More car accidents	1	1	0,599	0,358
More cars	1	1	0,556	0,309	More domestic waste	1,6	2	0,545	0,297
Inmigration	1,5	2	0,502	0,252					
Subsidies for education	1,5	2	0,579	0,335					

This table shows by a weighted index, that for Zone 1, Immigration and subsidies for education are relevant variables.

Zone 2									
Social variables	Av	Md	SD	Va	Environmental variables	Av	Md	Sd	Va
Streets insecurity	1,88	1	0,797	0,636	More car accidents	1,46	1	0,588	0,346
More cars	1,46	1	0,721	0,520	More domestic waste	1,67	1	0,761	0,500
Social conflicts	1,38	1	0,647	0,418					
Subsidies for education	1,5	2	0,659	0,435					
Higher income	1,2	2	1,142	1,304					

This table shows by a weighted index that for Zone 2, streets insecurity and more cars are relevant variables.

Zone 3									
Social variables	Av	Md	SD	Va	Environmental variables	Av	Md	Sd	Va
Social conflicts	1	1	0,458	0,21	More car accidents	1,6	1	0,645	0,417
More cars	1	1	0,557	0,31					
Inmigration	1,5	1	0,51	0,26					
Investment for education	1,5	2	1	1					
Support of social org	1,12	2	1,013	1,027					
Improvement of productive systems	1,6	2	1,118	1,25					

This table shows by a weighted index that Immigration and education are more relevant.

REFERENCIAS

Accinelli, E.; De la Fuente, L. (2013) Responsabilidad Social Corporativa, actividades empresariales y desarrollo sustentable. *Revista Contaduría y Administración* 58 (3). UNAM. México.

Antofagasta Minerals Company (2016). *Reporte de sustentabilidad.* www.aminerals.cl.

Echeverría, R. (2003) *La Empresa Emergente.* Editorial Granica, Buenos Aires.

Bowman, C. (1996) *La esencia de la Administración estratégica.* Prentice Hall. México.

Canales, J. (1994) *La internacionalización de la Empresa. Como evaluar la penetración de mercados en los mercados globales.* Instituto de Estudios Superiores de la Empresa. Mc Graw Hill. Barcelona. España.

Cortada, J. (2001). *Gestión del Nuevo siglo.* Prentice Hall. Buenos Aires.

Ferronato, J. (2000). Aproximaciones a la globalización. Ediciones Macchi. Buenos Aires.

KGHM (2016). Página web www.sgscm.cl. Polonia

Kliksberg, B. (2005) *Más Ética. Más desarrollo.* Editorial Temas. Buenos Aires.

Kwiatkowski, E. (2013) *Las empresas multinacionales y su impacto en la fuerza laboral.* Documento de trabajo. Universidad de Lodz. Polonia.

Leopold, L.; Clark F.; Hanshaw, B.; Balsley, J. (19710). Un procedimiento para la evaluación ambiental impact (USGS). Washington

Muñoz, L. (1997). *Management en el tercer Milenio.* Ediciones Díaz de Santos, Madrid

North, D. (2001) *Instituciones, cambio institucional y desempeño económico.* FCE. México

O'Kean, J. (2002) *Empresario y Entorno Económico.* Editorial Deusto. Bilbao. España

O'Hara, M. (1994) *Los nuevos escenarios laborales de la empresa del futuro. Instituto para el futuro.* California .Taller de Ingeniería de sistemas. Universidad de Chile. Santiago.

Perel, V.; Blanco, I. (1995) *Humanware: El Management del siglo XXI.* Ediciones Macchi. Buenos Aires. Argentina

Piasecki, R. (2016) *Responsabilidad social. Los desafíos y sus limita-*

ciones. *RSE: Desafíos corporativos* .Universidad de Lodz, Lodz. Polonia.

Primo, C.(1996) La internacionalización de los servicios y los países en desarrollo. *Finanzas y Desarrollo.* FMI .Washington.

Qureshi, Z (1996) La globalización: Nuevas oportunidades, Grandes desafíos. *Finanzas y Desarrollo.* FMI. Washington.

Raich, M.; Dolan, S. (2009) *Más allá: Empresa y sociedad en un mundo en transformación.* Editorial Profit. Barcelona

Ramos, L.; de Pedro, C.; Cobos, A.(1997) La Corporación Global y el aprendizaje continuo. *Revista de Economía y Empresa* 1. Universidad de Valladolid. Valladolid. España

Toffler, A (1986). *La tercera ola.* Plaza & Janes. Barcelona.

Toffler, A. (1994). *El cambio del Poder.* Plaza & Janes. Barcelona.

Tugores, J. (2006). *Economía Internacional. Globalización e Integración regional.* Mc Graw Hill. Madrid.

Utz, A. (1998) *Ética Económica.* AEDOS Unión Editorial. Madrid.

Varas, C.; Cepeda, J. (2013) Análisis de los impactos sociales y ambientales de las operaciones del Tranque de relaves El Mauro de AMC en las comunidades del valle Pupio, IV Región. Documento de trabajo. Universidad de La Serena. La Serena.

Vial, C. (2003) *Más que empresas. Personas.* Editorial Aguilar. Santiago.

Wulf, E. (2002) La globalización: Algunas reflexiones preliminares. *Revista Investigación y Desarrollo.* Año 8. Universidad de La Serena .La Serena

II PARTE: MODELOS DE RESPONSABILIDAD SOCIAL EMPRESARIAL Y LOS VALORES

Responsabilidades empresariales: análisis crítico a los Modelos de Gestión

Dr. Alex Medina Giacomozzi
Facultad de Ciencias Empresariales
Universidad del Bío-Bío

Mg. Pedro Severino González
Facultad de Ciencias Empresariales
Universidad Católica del Maule

RESUMEN

La responsabilidad empresarial es el compromiso que poseen las organizaciones frente a sus grupos de interés y la comunidad en general, que va más allá de sus responsabilidades económicas y legales. Dicho concepto ha tomado mayor auge en los últimos años, debido al cambio que se han generado en las compañías de cómo hacer negocios. Si bien es cierto existen herramientas, indicadores, áreas de aplicación y variables, se ha dejado de lado el desarrollo de modelos que sean aplicables a todo tipo de organización, lo cual ha dado lugar a la declaración por parte de la compañías de grandes compromisos de RSE, con una baja evidencia de una real aplicación de las prácticas socialmente responsables. Este artículo presenta una revisión de modelos que se pueden utilizar como referentes para la creación de guías, sujetas a las diversas condiciones ambientales que dominan a una empresa, para delimitar sus responsabilidades económicas, legales, éticas y filantrópicas.

1. INTRODUCCIÓN: RESPONSABILIDAD EMPRESARIAL

Tradicionalmente la gestión en las organizaciones sólo consideraba que la única responsabilidad social de las empresas era la generación de utilidades (Friedman, 1968; Mejía y Newman, 2011), ya que todo esfuerzo adicional significaba un sacrificio que afecta el valor de la compañía, debido a que se consideraba como un gasto innecesario e irracional, dejando una clara evidencia que el único grupo de interés eran los accionistas o dueños de la compañías. Pero en la actualidad, dicha mirada de las empresas ha ido cambiando profundamente.

La responsabilidad social es un tema abordado por diferentes autores, entre los que destacan Carroll (1979: 1991: 2010); Freeman (1984); Instituto Ethos (2005); Foro de Expertos en RSE (2007); Peña y Serra (2012); Aguilera y Puerto (2012); Avendaño (2013; Duque et al., (2013); Fernández (2009); ISO/WD (2010); Medina y Severino (2014), entre otros, los cuales hacen una relación entre las diversas responsabilidades que tienen las empresas, con la creación de valor y la sostenibilidad de una ventaja corporativa, la cual requiere de una ventaja competitiva, tal como lo expone Collis y Montgomery (2007) y como éstas responden a los grupos de interés, dando lugar a la viabilidad de las compañías.

De acuerdo a Carroll (1979: 2010) y Duque et al. (2013), entre otros, las responsabilidades que poseen las organizaciones **son producto de la concienciación colectiva, el aumento desenfrenado de las tecnologías, y las demandas de consumidores más informados y exigentes**. Lo anterior , sumado a un contrato implícito que existe en las diversas relaciones que se generan entre las organizaciones y los grupos estratégicos, ha ocasionado que las compañías deban dar cuenta de sus actividades a la sociedad en general, lo cual lleva a una actividad integral, incluyendo acciones altruistas o filantrópicas (Viteri y Jácome, 2011).

Porter & Kramer (2006); Wheelen et al. (2007); Cancino y Morales (2008); Avendaño (2013); Medina y Severino (2014) y Duque et al (2013) **se refieren a las responsabilidades empresariales como conductores de un recurso intangible** que puede ser creado por las diferentes interacciones que tiene la organización con sus grupos de interés y la comunidad en general, en relación a las variables: económica, legal, ética y filantrópica, las cuales no se contradicen entre ellas, sino más bien están ligadas de manera integral.

1.1 Ámbitos de responsabilidades empresariales

La responsabilidad económica, se centra en la capacidad de la empresa para generar valor económico, mediante el desarrollo de sus negocios, los cuales deben responder acertadamente a los requerimientos del mercado, con productos o servicios de calidad y el uso responsable de los recursos.

La responsabilidad legal, implica que la empresa debe cumplir cabalmente y de forma transparente, con toda y cada una de las normas legales que directa o indirectamente le afecten, cuidando la rectitud de su Cumplimiento.

La responsabilidad ética, es la comprensión de la entidad como un organismo moral (Cortina, 2003), es decir, que a partir de las acciones empresariales también se puede conseguir el bien común, como también, la necesidad de alinear los objetivos empresariales con el bienestar de todas las partes que dan forma a la actividad empresarial y; reconocer el efecto de sus acciones en su entorno. En definitiva, comprender que sus decisiones y acciones deben apuntar hacia una sociedad más justa y equitativa (Arredondo et al. 2014).

La responsabilidad Filantrópica. Las empresas por el sólo hecho de existir, deben generar acuerdos de trabajo en conjunto con organizaciones comunitarias, con el objetivo de entregar soluciones a problemáticas que aquejan a una sociedad.

De acuerdo a Carroll (1979: 1991: 2010); Peña y Serra (2012); Avendaño (2013) y Medina y Severino (2014), las empresas deben responder a las responsabilidades económicas, legales, éticas y filantrópicas, lo cual permite a las compañías aumentar su desempeño social, tal como se muestra en el cuadro 1.

Cuadro 1: Componentes de la Responsabilidad Empresarial

Componentes Económicos	Componentes Legales
1. Es importante comportarse en una manera consistente con la maximización de ganancias por acción. 2. Es importante estar comprometido con ser lo más rentable posible. 3. Es importante mantener una posición competitiva. 4. Es importante mantener un alto nivel de eficiencia operativa. 5. Es importante que una firma exitosa sea definida como aquella que es consistentemente rentable.	1. Es importante comportarse en una manera consistente con las expectativas del gobierno y las leyes. 2. Es importante comprometerse con varias regulaciones federales, estatales y locales. 3. Es importante ser ciudadano corporativo observante de ley. 4. Es importante que una firma definida como responsable sea aquella que cumple con sus obligaciones legales. 5. Es importante proveer buenos productos que cumplan al menos los requerimientos legales.
Componentes Éticos	**Componentes Filantrópicos**
1. Es importante comportarse de una manera consistente con las expectativas morales y normas éticas. 2. Es importante reconocer y respetar nuevas o evoluciones de norma éticas/ morales y normas éticas. 3. Es importante que las normas éticas establezcan el marco para el cumplimento de las metas corporativas. 4. Es importante definir al ciudadano corporativo realizando las acciones esperadas moral y éticamente. 5. Es importante reconocer que el comportamiento integral y ético de la compañía va más allá del cumplimiento de las leyes y regulaciones.	1. Es importante mostrarse en una manera consistente con las expectativas filantrópicas y caritativas de la sociedad. 2. Es importante ayudar el desarrollo de las artes. 3. Es importante que los gerentes y empleados participen en voluntariados y actividades de caridad dentro de las comunidades locales. 4. Es importante ayudar a las instituciones públicas y privadas de educación. 5. Es importante ayudar voluntariamente aquellos proyectos que desarrollen una mejor calidad de vida de la comunidad.

Fuente: Elaboración propia basado en Carroll (1979), Cancino y Morales (2008), Avendaño (2013).

Carroll (1979), Avendaño (2013), Medina y Severino (2014), plantean que este conjunto de responsabilidades al ser cumplidas por la empresa, redundará en una generación de valor, validando que las organizaciones deben ser rentables, y de forma paralela cumplir con la ley, dando lugar a que las compañías puedan cumplir correcta e éticamente con sus compromisos y finalmente ser un buen ciudadano, colaborando con la comunidad (ver cuadro 2). Lo anterior, se fundamenta en que la empresa debe alcanzar la generación de valor económico para ser viable a través del tiempo (Stewart, 2000).

Cuadro 2: Pirámide de Responsabilidad Empresarial

Fuente: Carroll (1979) y Avendaño (2013).

Para Fernández (2009), la responsabilidad social es el **"compromiso que tienen todos los ciudadanos, las instituciones, públicas y privadas, y las organizaciones sociales, en general, para contribuir al aumento del bienestar de la sociedad local o global".** Si este concepto es llevado al mundo de los negocios, aparecen los conceptos de Responsabilidad Social Corporativa, Responsabilidad Social Empresarial, Responsabilidad Empresarial,

Responsabilidad Social Universitaria, entre otros (Duque et al., 2013; Medina y Severino, 2014).

Para el Instituto Ethos (2005), la responsabilidad social "es la forma de conducir los negocios de una empresa; de tal modo que esta se convierta en corresponsable por el desenvolvimiento social". **"Una empresa socialmente responsable es aquella que posee la capacidad de escuchar los intereses de las diferentes partes (accionistas, empleados, prestadores de servicios, proveedores, consumidores, comunidad, gobierno y medio ambiente) e incorporarlos en el planeamiento de sus actividades,** buscando atender las demandas de todos ellos, no únicamente de los accionistas o propietarios".

El Foro de Expertos en RSE (2007) se refiere a la responsabilidad social como un "proceso estratégico e integrador en el que se vean identificados los diferentes agentes de la sociedad afectados por las actividades de la empresa", para lo cual es necesario identificar las necesidades cada uno de los grupos de interés.

Para CCE (2001) la responsabilidad social es "la integración voluntaria, por parte de las empresas, de objetivos sociales y medioambientales en sus operaciones comerciales y en sus relaciones con el resto de actores implicados".

Por último, de acuerdo a Medina y Severino (2014), la responsabilidad empresarial es un compromiso de carácter voluntario que asumen las organizaciones con los diversos grupos de interés, en búsqueda del bienestar colectivo, la cual debe estar presente en cada uno de los niveles estratégicos, desde el institucional hasta el funcional.

A continuación, se presentan un conjunto de estándares, normas y certificaciones relacionadas con las actividades socialmente responsable:

Cuadro 3: Descripción de Normas y Estándares en RSE

Estándar	Descripción
ISO 26.000	Es una norma no certificable, que proporciona lineamientos para el diseño, implementación y mejoras en prácticas socialmente responsable. Estructurado sobre siete principios que busca beneficiar a cada grupo de interés.
Norma de Aseguramiento AA1000:1999	Es una medida que permite evaluar, evidenciar, fortalecer la veracidad de los informes de sostenibilidad.
SGE 21: 2008 Sistema de Gestión Ética y Socialmente Responsable	Es una norma certificable, que permite implementar un Sistema de Gestión Ética y Socialmente responsable en las compañías, permitiendo evaluar nueve áreas de gestión los cuales son compatibles con Sistema de Gestión de Calidad, Medioambiente, entre otros.
Norma 8000 - 2008	Es una norma auditable y certificable, que promueve la implementación de los derechos humanos y laborales. Considera nueve áreas que son consideradas esenciales.
Global Reporting Initiative – GRI	Es una guía que declara las directrices reflejadas en cuatro principios que permiten la elaboración de memorias en responsabilidad social empresarial, que considera sus impactos económicos, sociales y medioambientales.
Indicadores Ethos	Son indicadores que permiten determinar estrategias para el aumento del desempeño social desde diferentes perspectivas.
Guía del Pacto Mundial	Es una guía no certificable, que busca facilitar la implementación de los derechos humanos, laboral, medioambiental y anticorrupción.
ISO 9001: 2008	Es una norma internacional certificable, que permite la adopción de procesos que mejora la eficiencia de un sistema de gestión de calidad, mediante el cual aumenta la satisfacción de los clientes, a través de las etapas del proceso administrativos.
ISO 14.000: 2004	Es una norma internacional certificable, el cual permite la implementación de un Sistema de Gestión Medioambiental, que responden a los estándares y leyes medioambientales.
OHSAS 18.001: 2007	Es una norma internacional certificable, tiene como finalidad la implementación de acciones que permiten gestionar la seguridad y salud ocupacional.
NBR 16.001: 2004	Es una norma certificable y auditable, buscar mejorar la metodología de mejora continua, a saber: buenas prácticas de gobernabilidad, combate a la piratería, fraude y corrupción, prácticas leales de competencia, entre otros.
EMAS: 1993	Norma certificable y auditable, permite implementar un Sistema Comunitario de Gestión y Auditoria Medioambientales.

Fuente: Duque et al. (2013) y Viteri et al. (2013).

2. LOS STAKEHOLDERS

De acuerdo a Freeman (1984), las empresas deben responder por los diversos requerimientos de los grupos de interés, dichos grupos de interés son personas naturales o jurídicas que son afectados o influyen en las organizaciones. La naturaleza, el número y los tipos de stakeholders, va a depender del modelo de negocio desarrollado por una compañía, como así también al sector industrial que pertenece.

De acuerdo a Medina y Severino (2014) la importancia de los stakeholders (también conocidos como partes interesadas, grupos estratégicos, instancias estratégicas, público interno y externo), radica en el cambio de cosmovisión de las organizaciones, en donde antaño, las compañías se consideraban como un conjunto de recursos que se combinaban, en búsqueda de la riqueza, en cambio ahora, se comprende como un conjunto de personas, naturales o jurídicas, que tienen sus propias expectativas y necesidades que buscan satisfacer, y a través de la organización alcanzar cada uno sus diferentes metas (Avendaño, 2013).-

Freeman (1984), Mitchell et al. (1997), Gessa & Jiménez (2011), Avendaño (2013), Medina y Severino (2014), entre otros, plantean diferentes criterios para clasificar los distintos grupos de interés (ver gráfica 1). Por ejemplo, nivel de influencia en la dirección de la estrategia, relación formal o contractual, el grado de importancia otorgado por el gobierno de la empresa, nivel de compromiso de tipo ético por parte de las compañía, alcance de derechos sobre la compañía, entre otros; dando lugar a grupos de interés primarios, secundarios, como además indirectos e intervinientes; poder, legitimidad y urgencia; latentes, expectantes, definitivas y no stakeholders; entre otros.

Gráfica 1: Clasificación de los Stakeholders e Intervinientes

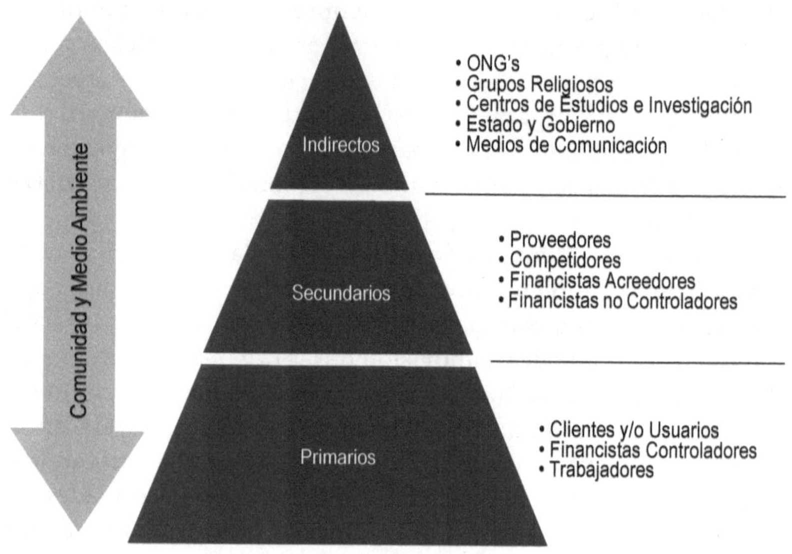

Fuente: Medina y Severino (2014).

3. MODELOS DE GESTIÓN DE RESPONSABILIDAD SOCIAL

3.1 Modelo Programa Vincular (Univ. Católica de Valparaíso)

De acuerdo a Vincular (2006), las organizaciones no tan sólo se deben preocupar de la generación de valor económico para sus accionistas, sino que además deben ser capaces de crear valor social y medioambiental, lo cual es producto de las exigencias de los distintos grupos de interés que conforman y circundan las compañías. Es por ello que a través de la colaboración del Centro Vincular, Asociación Chilena de Seguridad, la Unión Social de Empresarios Cristianos y el Centro para el Ciudadano Corporativo del Boston College, se ha creado un modelo que permite la incorporación de prácticas socialmente responsables en las organizaciones, al alero de la guía GRI.

El sistema responde a la integración de los requerimientos de los diversos grupos de interés, que demandan a las compañías identificar, controlar y mejorar cada uno de sus impactos que integran la triada compuesta por el valor económico, social y medioambiental, dando lugar a etapas y actividades que forman parte de un proceso sistemático y cíclico (Mejía y Newman, 2011; Alwyn y Kiyoteru, 2012; Bestratén y Pàmias, 2014).

El Modelo de Vincular (2006) aborda temas tales como desarrollo sustentable, competitividad y cadena de valor empresarial, con el objetivo de incorporar en cada una de las actividades esenciales y de soporte, acciones que respondan a las políticas y buenas prácticas de responsabilidad social organizacional (Licha, 2012).

3.2 Etapas del Modelo de Gestión de Responsabilidad Social:

Etapa 1: Preparación. Consiste en la identificación de los beneficios que otorga las prácticas socialmente responsables, con la finalidad de que los grupos de interés interno comprendan lo relevante que es para la organización y lo importante que es comprometerse con el desarrollo de las mismas.

Etapa 2: Diagnóstico Estratégico. Permite detectar las áreas que deben ser intervenidas con prácticas socialmente responsables, como así también las mejoras que se pueden desarrollar.

Etapa 3: Planificación Estratégica y Operativa. Se deben definir los lineamientos estratégicos y jerarquizar aquellas áreas de la empresa que se deben intervenir de acuerdo a lo más relevante para la compañía.

Etapa 4: Implementación. Las acciones que se desarrollen en la compañía deben ser integradas en cada una de las decisiones, actividades y operaciones que forman parte del normal funcionamiento de la empresa.

Etapa 5: Comunicación Efectiva. Se necesita una estrategia de comunicación centrada en las relaciones que fluyen entre la empresa como institución, y cada uno de los grupos de interés, el cual debe ser constante y fluido.

Etapa 6: Seguimiento y Medición. Es imprescindible contar con indicadores que permitan medir cada una de las acciones que forman parte del proceso.

Etapa 7: Revisión y acciones correctivas. Permite identificar ventajas y desventajas; con la finalidad de diseñar propuestas que mejoren el desarrollo de prácticas socialmente responsables.

Gráfica 2: Modelo de Gestión de Responsabilidad Social Empresarial de Vincular

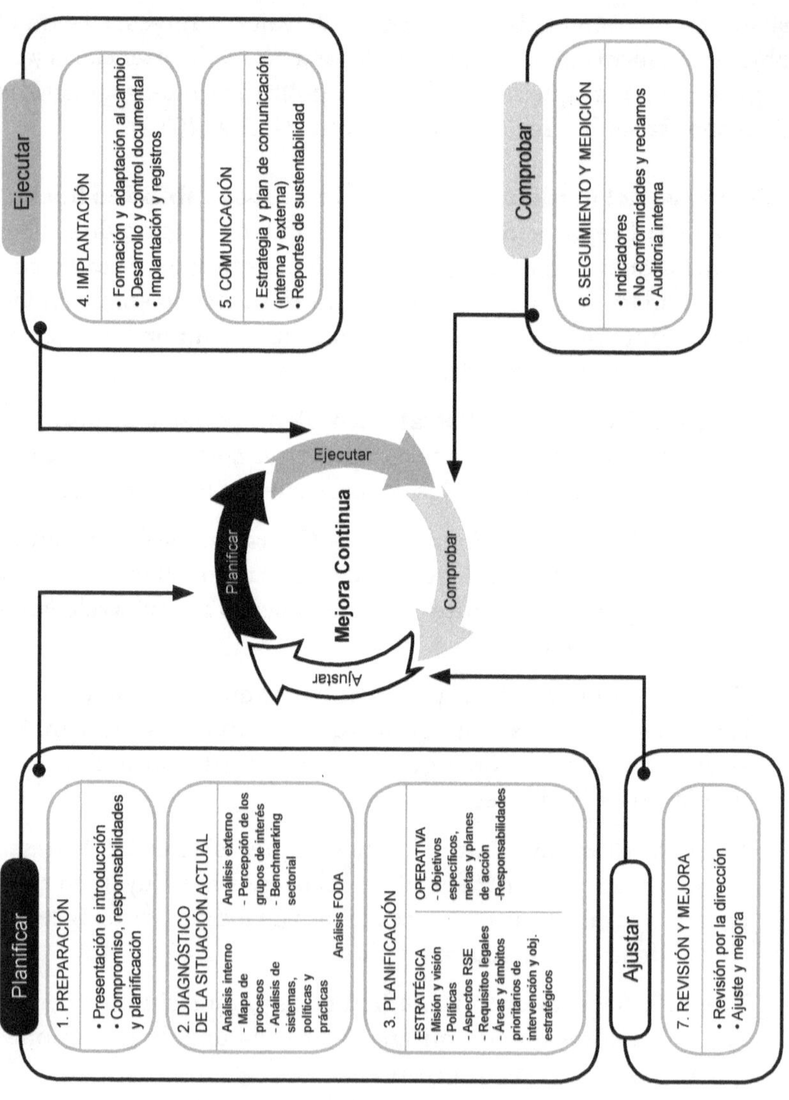

Fuente: Vincular (2006).

El modelo antes descrito, posee las siguientes características en relación a las responsabilidades integrales que poseen las compañías frente a sus grupos de interés:

- Durante la etapa de la planificación, no se expone claramente la identificación de los grupos de interés en relación a las expectativas y necesidades económicas, legales, éticas y filantrópicas.
- Se busca la creación de valor en base a la sustentabilidad, en donde las acciones filantrópicas pasan a ser una práctica de segundo plano.
- La implementación de prácticas socialmente responsables, buscan un aumento del valor económico, lo que ocasiona que sea un medio y no un fin, como a menudo se entienden las responsabilidades empresariales.
- Considera a los grupos de interés únicamente por el nivel de impacto que tienen sobre la cadena de valor empresarial, como un agente que puede perjudicar a las compañías en búsqueda de una posición competitiva.
- El diagnóstico no considera el levantamiento de las acciones responsables que desarrolla la empresa, lo cual es producto de la inexistencia de un instrumento que permita describir las responsabilidades empresariales.
- Se utiliza como un medio para mejorar el control de los riesgos propios del negocio, como además para mantener y atraer personal talentoso, incluyendo a las personas con habilidades diferentes, pero de utilidad para la empresa y de beneficio para las propias personas.
- Las prácticas socialmente responsable que se consideran en el modelo, buscan cumplir con las responsabilidades económicas y legales, contemplando en una menor medida la responsabilidad ética, siendo incipiente la responsabilidad filantrópica, no dando cuenta de una integralidad de las organizaciones.
- Las áreas de actuación de la responsabilidad social empresarial, deben estar condicionadas a las responsabilidades económicas, legales, éticas y filantrópicas.
- Intenta una ventaja competitiva sostenible, que puede ser producto de las prácticas socialmente responsables que son consideradas como verdaderas innovaciones organizacionales,

a través de la reputación corporativa.

- Por último, el modelo plantea que la implementación de las responsabilidades empresariales, deben ser integradas en la toma decisiones, no dejando claro si amerita una modificación o reformulación de las directrices estratégicas.

3.3 Modelo de Gestión de RSE para Pymes

Vilanova y Dinarés (2009), plantean un modelo de gestión de responsabilidad social empresarial para las Pequeñas y Medianas Empresas, el cual se basa en la norma GRI (Alwyn y Kiyoteru, 2012; Duque et al, 2013) a partir de la realidad española, incluyendo un total de 15 pymes. Cada una de las organizaciones participantes, son empresas que estaban dispuestas a implementar prácticas socialmente responsables en cada una de sus gestiones, lo cual se ha demostrado en las certificaciones, reconocimientos y galardones obtenidos (Bestratén y Pàmias, 2014).

El modelo considera los siguientes grupos de interés: trabajadores, proveedores, clientes, sector público, comunidad, competidores, accionistas y medio ambiente, para los cuales existen una variedad de indicadores. Dichos indicadores, se dividen en 2 etapas y en 4 fases que integran la totalidad del modelo.

Este modelo, presenta una secuencia que comienza con la definición de la estrategia sobre responsabilidad social empresarial, hasta finalmente culminar con la elaboración de una memoria de reporte sustentable, las fases son las siguientes:

Primera: Definición de la Estrategia RSE. Para la definición de la estrategia en RSE, las empresas deben considerar las principales tendencias de organismos internacionales que promueven dichas prácticas, al igual que los valores que desean ser compartidos por todos los miembros de una compañía, además de la aplicación de indicadores que se utilizaran como marco referencial.

Segunda: Políticas RSE. Se deben detectar los ámbitos de aplicación de políticas que consideren acciones de RSE, las cuales deben ser ejecutables. Dichas políticas, deben responder al desarrollo de prácticas sociales, económicas y medioambientales.

Tercera: Prácticas RSE. Una vez definida las estrategias y las políticas en RSE, los indicadores tienen por finalidad medir y gestionar las prácticas concretas en RSE, de modo de detectar posibles desvíos y mitigarlos.

Cuarta: Resultados. En esta etapa, se desarrolla un análisis de los resultados obtenidos a través de la ejecución de las prácticas socialmente responsables, y sobre esta base variar las estrategias, políticas y actividades relacionadas a la materia.

Quinta: Memoria RSE. Por último, los resultados que forman parte de las fases anteriores; conducen a la elaboración de una memoria de RSE, donde se declaran las prácticas socialmente responsables que desarrolla la compañía.

En esta última fase, nos lleva a una nueva definición de estrategia RSE más compleja y madura.

Gráfica 3: Modelo de Gestión de RSE para Pymes

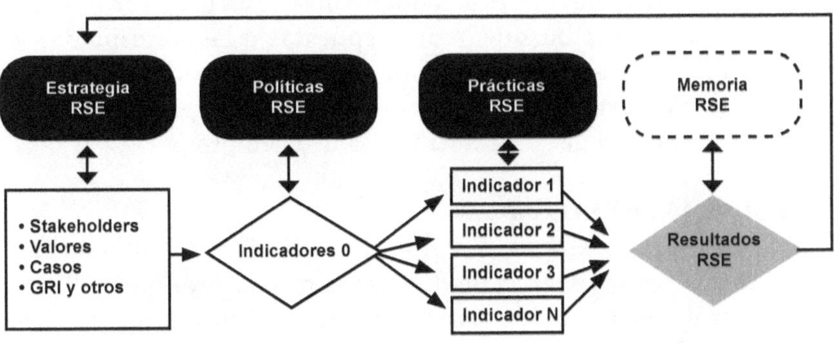

Fuente: Vilanova y Dinarés (2009).

Este modelo, posee las siguientes características en relación a las responsabilidades integrales que poseen las compañías frente a sus grupos de interés:

- Permite la incorporación de indicadores en relación a la implantación progresiva de las prácticas socialmente responsables, pero no se deja en claro los momentos en que deben ser considerados.
- El modelo se respalda en los principios de la sustentabilidad,

considerando indicadores económicos, medioambientales y sociales, no otorgando una mayor relevancia a la responsabilidad filantrópica.

- Permite diagnosticar y reflexionar sobre las acciones que desarrolla una compañía, el nivel de evolución, los temas abordados y las áreas no consideradas y por qué motivo, pero no considera las responsabilidades empresariales como un eje importante que considerar debido a la integridad en que se sustenta.
- Considera el medioambiente más bien como un grupo de interés, y no como el medio en donde se sitúan cada uno de los grupos de interés.
- Más del 50% de los indicadores, consideran prácticas relacionadas a la responsabilidad legal que tienen las organizaciones, e incluyen a trabajadores, clientes y proveedores. Se presentan indicadores, que se relacionan a las responsabilidades empresariales que trascienden a más de un grupo de interés.
- Debido a la búsqueda de respuestas a las necesidades y requerimientos que van por sobre a las responsabilidades legales, existe un fuerte desarrollo en las responsabilidades que emana de la conducta ética de la empresa.

3.4 Modelo de PROhumana

El modelo propuesto por PROhumana (2006), nace de una exhaustiva revisión literaria de diferentes promotores de prácticas socialmente responsables, el cual presenta una inclinación hacia el método utilizado por GRI. Para que el modelo tenga efectividad y pueda contribuir al aumento del desempeño, se deben considerar cada una de las dimensiones y sub dimensiones, pero también sus Principios fundamentales, Características cualitativas, Clasificación de elementos de actuación, Cifras absolutas, Indicadores relativos y de ratio y, finalmente, su Declaración de políticas de información.

El modelo de Gestión en Responsabilidad Social posee las siguientes dimensiones con sus sub dimensiones:

- **Valores y Coherencia.** Se considera la empresa en términos de valores éticos. La existencia de políticas están acorde con los valores compartidos, lo cual permite contar con un marco de comportamiento moral, que hacen posible la trasparencia, la rectitud en la forma de hacer los negocios y la discriminación de acciones poco éticas. Para lo cual se debe considerar: Código de Ética, Trasparencia en informes Contables, Relaciones Leales con la competencia, Políticas Anticorrupción, Reporte de Sustentabilidad, Gobierno Corporativo y Diálogo con los Públicos de Interés.

- **Público Interno.** Se refiere a las políticas y prácticas que regulan la relación entre los empleados y los trabajadores. Se determina el rol que deben desempeñar cada uno de los trabajadores de la organización, definiendo responsabilidades y estándares que lo regulan, lo cual va más allá de las exigencias mínimas y legales. Para lo cual se debe considerar: Política de Seguridad e Higiene, Políticas de Salud, Políticas de Previsión, Políticas con los sindicatos, Políticas de contratación, Políticas de capacitación, Políticas de beneficio, Políticas de prevención y sanción de acoso, Política de Clima Laboral, Política de vida sustentable, Política de conciliación, Política de inclusión igualitaria y Política de no discriminación.

- **Relación con los proveedores.** Se refiere a generar políticas y medidas que permitan establecer vínculos de largo plazo con los proveedores. Un buen desempeño en las relaciones laborales, permite definir políticas, códigos y normas que permitan conservar relaciones contractuales por un período prolongado. Para ello se debe considerar: Desarrollo de proveedores, Encadenamiento productivo y Derechos Humanos.

- **Consumidores.** Son un conjunto de prácticas relacionadas a fidelizar las relaciones que posee la empresa con sus clientes; se refiere a una ventanilla en donde se puedan expresar las inquietudes y descontentos dando lugar a la retroalimentación. Se debe considerar: Relación con los consumidores, Políticas publicitarias y Conocimiento de daños potenciales.

- **Comunidad.** Hace mención a la interacción que posee la empresa con su grupo de interés y donde éste se emplaza. Además, se debe considerar el grupo de interés que se encuentran más desfavorecidos y realizar un plan de acción para su rescate. En tal situación, se debe considerar: Vinculación con la Comunidad, Inversión Social y Voluntariado Corporativo.

- **Medioambiente.** Se refiere a todas aquellas empresas que generan algún tipo de impacto en el medio ambiente, por ejemplo, consumo de recursos naturales, energía, agua, entre otros. Todo tipo de actividad genera algún impacto en el medio ya sea pequeño o grande, inmediato o lejano. Por ello es necesario considerar: Actitud proactiva frente a exigencias medioambientales, Sistema de gestión, Prácticas ambientales, como también Medioambientes y comunidad.

- **Relaciones Tri sectoriales.** Corresponden a las interacciones que posee una empresa por el sólo hecho de existir, como por ejemplo las organizaciones comunitarias o civiles, el Estado y otras entidades, que en sus conjunto pueden definir la viabilidad de la organización. Se debe considerar: Relación con el Estado y sus reparticiones, Relación con las organizaciones de la sociedad civil, Relación con otras empresas y Contribución a la formulación de políticas públicas.

- **Aprendizajes.** Se refiere a los cursos y capacitaciones en torno del RSE, los empleados deben participar en instancias en donde se pueda compartir y adquirir conocimientos. Se considera relevante: Aprendizaje Interno y Aprendizaje Externo.

Gráfica 4: Modelo de Gestión de RSE para Pymes

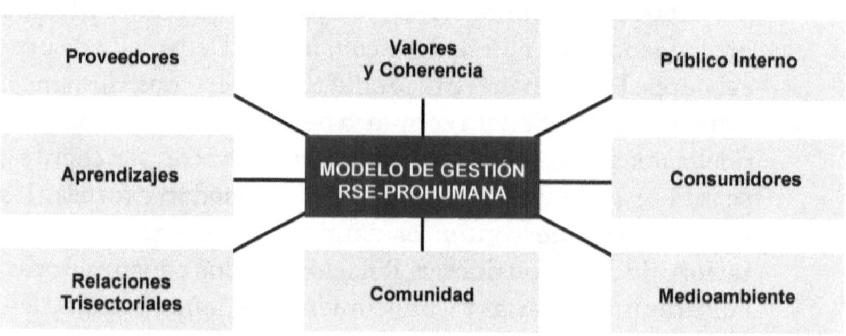

Fuente: PROhumana (2006).

El modelo antes descrito, posee las siguientes características en relación a las responsabilidades integrales que poseen las compañías frente a sus grupos de interés:

- Es un modelo que considera como motor principal alcanzar resultados económicos, sociales y ambientales de orden superior, el cual posee en el interior de los resultados ambientales acciones que pueden ser consideradas filantrópicas.
- Existe una importante confusión entre dimensiones propiamente tal, y los grupos de interés, lo que ocasiona que se deben identificar las prácticas relacionadas a las responsabilidades empresariales, contando como insumo los grupos de interés, pero además, se presentan grupos de interés como dimensiones externas, en donde se deben identificar las prácticas empresariales responsables.
- Es un modelo que en su dimensión comunidad, considera las prácticas que dan cuenta de la responsabilidad filantrópica de la empresa que busca un bienestar colectivo.
- Existe la dimensión valores y coherencia, que busca entregar respuesta a cada una de las responsabilidades éticas con cada uno de los grupos de interés, lo cual se sustenta en la elaboración de un código de ética.
- Las dimensiones medioambiente, comunidad, y proveedores, se centran principalmente en responder a la responsabilidad legal.
- Al término de cada dimensión se sugiere una estrategia de manera aislada, dejando de lado la integridad de las responsabilidades empresariales que poseen las organizaciones.

3.5 Modelo del Pacto Mundial de las Naciones Unidas

El Pacto Mundial de las Naciones Unidas (2000), plantea un modelo de gestión que conduce a las compañías a comprometerse formalmente a evaluar, definir, implementar, medir y comunicar cada una de las acciones que conforman una estrategia de sustentabilidad empresarial basada en sus principios. Dicho modelo, permite crear valor para sus accionistas y grupos de interés en el largo plazo, dando espacio a la identificación de riesgos y oportunidades.

El modelo que a continuación se presenta, posee un conjunto

de pasos que comienza con la declaración de compromiso hasta finalmente comunicar los resultados obtenidos, bajo la lógica que al pasar el tiempo; nuevamente se debe comenzar con éste ciclo.

Este modelo de Gestión en Responsabilidad Social sigue los siguientes pasos:

- **Comprometerse.** Cuando una organización desea implementar RSE, debe contar con un líder comprometido con los 10 principios del Pacto Mundialy realizar las acciones necesarias para que se pueda desarrollar una carta de compromiso.
- **Evaluar.** Considera tres pasos que debe realizar la compañía, para evaluar de manera efectiva los procesos que realiza en la cotidianidad. Se refiere a identificar los riesgos asociados, las oportunidades y los impactos.
- **Definir.** A partir de los resultados obtenidos sobre los riesgos, oportunidades, impactos e indicadores, se elabora un Plan de Trabajo para llevar a cabo un programa de internalización de los diez principios del Pacto Mundial de las Naciones Unidas.
- **Implementar.** La empresa debe implementar las estrategias y políticas a lo largo de toda la cadena de valor, para garantizar continuos ajustes a cada uno de los procesos que realiza la compañía, involucrando a cada uno de los trabajadores, desplegando programas de capacitación.
- **Medir.** Se deben monitorear los indicadores de desempeño para definir que se está haciendo bien o mal, para redireccionar las fuerzas en pro del cumplimiento del objetivo que se persigue.
- **Comunicar.** Se debe trasmitir a los diferentes grupos de interés y al medio externo, los avances de la organización, durante el desarrollo de la estrategia y en el proceso mismo de la implementación de cada una de las actividades.

Gráfica 5: Modelo de Gestión de RSE de la ONU

Fuente: Pacto Mundial de las Naciones Unidas.

El modelo antes descrito, posee las siguientes características en relación a las responsabilidades integrales que poseen las compañías frente a sus grupos de interés:

- El modelo no considera el análisis de variables externas, tales como económicas, políticas, legales, culturales, entre otras, lo que permite un adecuado diagnóstico de las responsabilidades empresariales.

- La aplicación de las responsabilidades empresariales, ameritan el mejoramiento continuo, con el objetivo de entregar una adecuada respuesta a las necesidades a los grupos de interés, lo que considera el modelo expuesto.

- Es un modelo que posee una fuerte inclinación a las etapas del proceso administrativo, lo que debe estar complementado con acciones concretas que den cuenta de las responsabilidades empresariales.

- Las acciones que deben ejecutar las empresas que se comprometen con este modelo, deben contribuir a dar cumplimiento a los principios del pacto mundial, que son grandes declaraciones, que se relacionan principalmente con las responsabilidades económicas, legales y éticas, considerando en una menor medida las responsabilidad filantrópica

- La responsabilidad ética, se encuentra presente en cada uno de los pasos que responden a las expectativas de los grupos de interés interno y externo.

3.6 Modelo Viteri y Jácome

Según Viteri y Jácome (2011), la implementación de las prácticas socialmente responsables desde el punto de vista de la estrategia, basada en la metodología plateada por Deming (1989), permite considerar a las organizaciones como un sistema abierto, multidimensional, dinámico e integrador, además de la identificación de necesidades y requerimientos de los diversos grupos de interés, determinar estrategias a seguir, el cual busca crear valor ambiental, el respeto por los derechos humanos, como además el compromiso con los stakeholders. Lo anterior, se logra a través del desarrollo de una cultura empresarial basada en la búsqueda de políticas, valores, principios y actitudes sustentables que en todas sus formas; conduzcan a la creación de valor. Cabe señalar que la responsabilidad social, se encuentra inmersa desde la estrategia institucional (Medina y Severino, 2014), lo cual es el sello de identidad de lo que la comunidad percibe, identifica, observa y valora, respecto de una empresa.

El modelo de Viteri y Jácome (2011), se encuentra integrado por cuatro etapas que son: Planificación Estratégica, Implementación, Seguimiento y Evaluación (Koontz y Weihrich, 2013), a continuación se describen cada uno de ellos:

Etapa 1: Planificación Estratégica. Permite el análisis interno y externo de la organización, lo cual conduce a la determinación de la orientación estratégica, en la búsqueda de lograr un posicionamiento externo y un alineamiento de la empresa, por medio de la definición de la visión, misión, objetivo estratégico, estrategias y recursos requeridos.

Etapa 2: Implementación. Una vez definidas las directrices y cada una de las actividades que comprende la puesta en marcha, se debe implementar las acciones definidas previamente, detallando cada uno de los recursos involucrados y el tiempo requerido para su utilización.

Etapa 3: Seguimiento. El seguimiento, permite contrastar cada una de las acciones implementadas con la finalidad de detectar desvíos y así poder ser corregidos a tiempo, lo cual permite comparar que los resultados obtenidos sean consistentes con los resultados proyectados.

Etapa 4: Evaluación. Finalmente, se debe analizar los resultados obtenidos para poder identificar, modificar, solucionar y replantear las acciones que a futuro integraran el programa de mejora continua.

Gráfica N° 6: Modelo de Gestión Empresarial de Viteri y Jácome

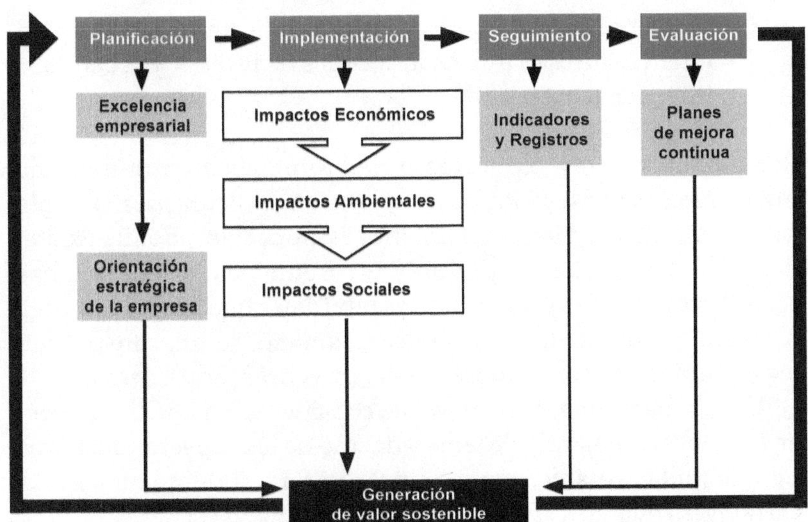

Fuente: Viteri y Jácome (2011).

Este modelo posee algunas falencias en relación a las responsabilidades integrales que asumen las empresas frente a sus grupos de interés:

- El modelo considera el análisis de variables externas, como si fueran internas, sean estas económicas, ambientales y sociales, lo cual conduce al desarrollo sustentable, en donde la filantropía es considerada, pero no en su máxima expresión.
- La aplicación de las responsabilidades empresariales ameritan el mejoramiento continuo, con el objetivo de entregar

una adecuada respuesta a las necesidades de los grupos de interés. Es un modelo que posee una fuerte inclinación a las etapas del proceso administrativo, que facilitan la incorporación de acciones que den cuenta de las responsabilidades empresariales, pero no precisa los momentos de aplicación.

- Las acciones que deben ejecutar las empresas que se comprometen, deben contribuir a dar cumplimiento a lo que la empresa conoce como excelencia empresarial, lo que se relaciona con las responsabilidades empresariales y mejoramiento continuo.
- Se considera la creación de valor, para cada grupo de interés, a través de las responsabilidades empresariales.
- La responsabilidad ética, está compuesta por los requerimientos de cada uno de los grupos de interés, ya sean éstos internos o externos.

Los modelos antes expuestos poseen una estructura definida, indicando cada uno de los pasos que se debe seguir para la implementación de prácticas socialmente responsables, donde existen notables diferencias entre uno y otro. Además, existe una baja consideración de las características puntuales que posee cada organización, producto de su naturaleza, tamaño, rubro, constitución legal, número de trabajadores, nivel de ventas, entre otros.

Cabe señalar que en su mayoría, consideran un análisis interno de la empresa, dejando de lado cada uno de los aspectos del entorno que pudiesen afectar o modificar la correcta implantación de estrategias que buscan aumentar el desempeño social.

Existe una tendencia clara en cuanto a la identificación de stakeholders, ya que son los principales afectados, ya sea de manera positiva o negativa por las organizaciones, en donde el centro es la satisfacción de sus necesidades.

Estos modelos, en su mayoría, presentan una tendencia a considerar la sustentabilidad, como una respuesta a la creación de valor económico, social y medioambiental, lo que significa una desestimación las prácticas que dan cuenta de la responsabilidad filantrópica que poseen las compañías.

Algunos de los modelos antes expuestos consideran un análisis interno y externo, pero no presentan un instrumento que permita describir el desempeño social de la empresa, lo que conduce una inadecuada determinación de la posición que tiene la empresa en relación a las prácticas socialmente responsables.

4. PROPUESTA DE MODELO EN RESPONSABILIDAD EMPRESARIAL

A continuación, se presenta un modelo que toma en cuenta las responsabilidades empresariales como eje central de las aplicaciones de las acciones responsables, que buscan entregar respuestas adecuadas a las necesidades y requerimientos de los grupos de interés. Además se considera el mejoramiento continuo, debido a que las variables del entorno, la situación de la empresa y las necesidades de los grupos de interés van cambiando a través del tiempo.

El desarrollo de cada una de las etapas deben ser desplegadas de forma progresiva, lo que no significa que la ejecución de una ellas pueda conducir al replanteamiento de una etapa inmediatamente anterior, o bien al retroceso para comenzar de nuevo.

Cada una de las etapas posee un conjunto de acciones que permiten desarrollar de manera adecuada los diversos hitos que se plantean, en donde el centro de atención son las necesidades y requerimientos de los grupos de interés a través de las cuatros vertientes planteadas previamente.

Etapa 1: Análisis Empresarial. Esta etapa está compuesta por un análisis del entorno general, específico e interno, con la finalidad de determinar la posición que posee la organización en relación al desarrollo de las responsabilidades empresariales.

- Análisis del Entorno General: Se debe emplear un análisis del macroentorno, considerando cada uno de los indicadores que integran las dimensiones económicas, legales, medioambientales, culturales, políticas y tecnológicas.

- Análisis del Entorno Específico: Se debe identificar el sector industrial en donde la empresa compite, además del análisis del marco competitivo, de las fuerzas que mueven al sector y de los factores críticos de éxito.

- Análisis Interno: Está compuesto por un análisis estratégico y de desempeño social:

- Identificación de los stakeholders. Se deben identificar cada uno de los grupos de interés, ya que son los protagonistas de las responsabilidades empresariales, a través de los criterios de relación forzada, sistemática y/o integral.
- Análisis estratégico interno. Se debe desarrollar un análisis de los recursos y capacidades, análisis económico-financiero, de la cadena de valor de la empresa, del perfil estratégico de la empresa y del modelo de negocio.
- Análisis Desempeño social. Para el desarrollo de esta etapa, se debe aplicar un instrumento de responsabilidad empresarial que sea producto de un Benchmark del sector industrial, con el objetivo que se desarrolle una comparativa de acuerdo a la naturaleza y particularidad del rubro.
- Determinación de la posición. Una vez desarrollados cada uno de los análisis, se da lugar a la determinación de la posición que tiene la compañía, en cada uno de sus negocios frente a las demás empresas que forman parte del sector industrial.

Etapa 2: Sensibilización. Se deben desarrollar actividades para despertar el interés de la alta gerencia, en la implementación de las prácticas que responden a los requerimientos de los stakeholders.

- Presentación de las Responsabilidades Empresariales: Se debe presentar a la alta gerencia y representantes de áreas, la fundamentación de las prácticas responsables, como orígenes, conceptos relacionados y realidades diversas.
- Beneficios de la Responsabilidades Empresariales: Se debe exponer los beneficios que han alcanzado empresas con similares características, además de la identificación de potenciales beneficios para la compañía.
- Determinación de Responsables y Funciones: Una vez que la audiencia se encuentre convencida de la incorporación de prácticas responsables, se deben nombrar responsables y funciones de las personas involucradas.
- Creación de Compromiso Institucional: Para finalizar, se debe firmar una carta de acuerdo, en donde se encuentre el compromiso asumido por las personas involucradas.

Etapa 3: Diseño de la estrategia, lo que implica, entre otros aspectos, establecer los objetivos y estrategias a seguir dentro del contexto de las responsabilidades empresariales.

Etapa 4: Implementación de la estrategia diseñada e involucramiento del gobierno corporativo y de los directivos y personal en el proceso de incorporación de la estrategia, buscando alinear los recursos entorno a los objetivos y en el marco de las responsabilidades empresariales.

Etapa 5: Control y evaluación proactiva de la estrategia y del cumplimiento de las responsabilidades empresariales.

Etapa 6: Publicación reporte empresarial que exponga y detalle los hitos más significativos del cumplimiento de las responsabilidades empresariales, con un reconocimiento explícito de los aspectos a mejorar que vayan en línea con la declaración estratégica de la compañía.

Gráfica N° 7: Modelo de Gestión de Responsabilidad Empresarial

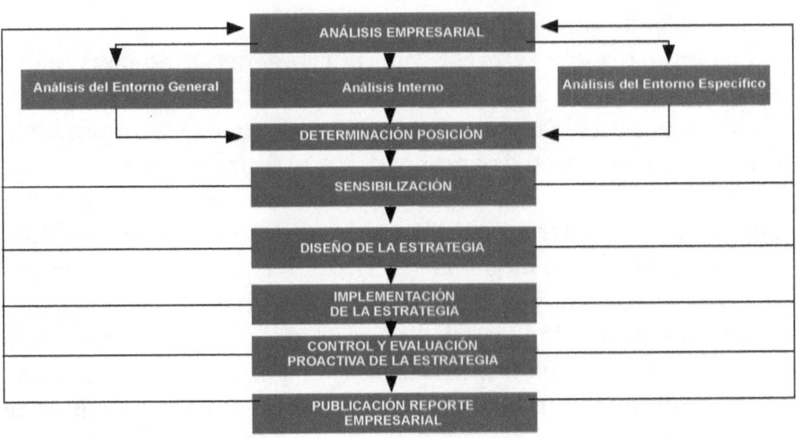

Fuente: Elaboración propia

5. CONCLUSIÓN

La responsabilidad empresarial es un tema abordado por diversos artículos, conceptualizando de diversas formas las prácticas socialmente responsables, dependiendo del enfoque del autor, ya sea desde la creación de una ventaja competitiva, reputación empresarial, acciones filantrópicas, comportamiento ético, sustentabilidad, creación de valor, en donde el denominador común son los grupos de interés, los cuales se deben beneficiar por la nueva manera de hacer negocios por parte de las compañías.

Por lo tanto, la responsabilidad empresarial es una forma de conducir las diversas actividades que desarrollan a diario las compañías, las que se sustentan en un compromiso voluntario, que considera cada uno de los grupos de interés, desarrollando directrices estratégicas que deben ir en claro cumplimiento de las responsabilidades legales, económicas, éticas y discrecionales que hagan de la empresa una entidad comprometida con el bienestar de la comunidad, en general, y de sus agentes económicos, en particular.

Los grupos de interés, toman cada vez mayor fuerza en las organizaciones, debido a que se considera que son un agente clave para el éxito empresarial, ya que de ellos dependen en gran medida el diseño y la ejecución correcta de las estrategias que buscan crear un aumento de valor corporativo.

Los modelos que se presentan, por lo general, no consideran en sus prácticas las acciones solidarias, filantrópicas o altruistas, que algunos artículos catalogan como una forma de comprender la responsabilidad social de antaño, dejando de lado que dichas actividades respondan a las exigencias de todos los grupos de interés, como para responder apropiadamente al bienestar de la sociedad.

La mayoría de los modelos descritos no consideran un análisis del entorno general y específico que permitan contar con un panorama del sector industrial, superponiendo a la empresa como centro de todo análisis, omitiendo una perspectiva comparativa que permita contar con indicadores inclusivos de gestión socialmente responsables.

En ocasiones se presenta una notable confusión en las dimensiones que forman parte de un modelo de gestión de responsabilidad social, en donde se pueden apreciar dimensiones propiamente tal y grupos de interés que son tomadas como dimensiones.

Existe una clara necesidad de que las empresas sean consideradas de manera integral y; que disponga de herramientas para analizar una compañía de manera holística, con todas sus responsabilidades empresariales, que sumen acciones que complementen las prácticas que buscan el aumento del valor, tanto económico, social como ambiental, y a su vez una estructura que soporte las necesidades planteadas por los grupos de interés.

BIBLIOGRAFÍA

Aguilera, A. y Puerto, D. (2012) Crecimiento empresarial basado en responsabilidad social. *Revista Pensamiento y Gestión,* 32, 1-26.

Alwyn, L. & Kiyoteru, T. (2012) Globalization and Commitment in Corporate Social Responsibility: Cross-National Analyses of Institutional and Political-Economy Effects. *American Sociological Review,* 77 (1), 69-98.

Arredondo, F.; De la Garza, J. y Villa, L. (2014) Propuesta para el diseño de un código de ética empresarial basado en la ética kantiana. *Cuadernos de administración,* 31(52). 9-19.

Avendaño, W. (2013) Responsabilidad social (RS) y responsabilidad social corporativa (RSC): una nueva perspectiva para las empresas. *Revista Lasallista de Investigación,* 10(1), 152-163.

Bestratén, M. y Pàmias, O. (2014) Responsabilidad social de las empresas: modelo GRI G 4 (I). Instituto Nacional de Seguridad e Higiene en el Trabajo. Madrid.

Cancino, Ch. y Morales, M. (2008) *Responsabilidad Social Empresarial.* Universidad de Chile. Facultad de Economía y Negocios. Santiago.

Carroll, A. & Shabana, K. (2010) The Business Case for Corporate Social Responsibility: A Review of Concepts, Research and Practice. *International Journal of Management Reviews,* 12, 85-105.

Carroll, A. (1979) A three-dimensional conceptual model of corporate performance. *Academy of Managment Review,* 4(4), 497-505.

Carroll, A. (1991) The Pyramid of Corporate Social Responsibility: Toward the Moral Management of Organizational Stakeholders. *Business Horizons,* 34(4), 39-48.

Carroll A. & Shabana, K. (2010) The Business Case for Corporate Social Responsibility: A Review of Concepts. *International Journal of Management Reviews,* 12(1), 85-105.

Collis, D. & Montgomery, C. (2007) *Estrategia corporativa*. Editorial Mc Graw Hill. Madrid.

Comisión de las Comunidades Europeas (2001) *Libro Verde: Fomentar un marco europeo para responsabilidad social de las empresas*. Comisión de las Comunidades Europeas (CCE).Bruselas.

Cortina, A. (2003) *Razón pública y éticas aplicadas los caminos de la razón práctica en una sociedad pluralista*. Editorial Tecnos. Madrid.

Deming, E. W. (1989) *Calidad, productividad y competitividad: la salida de la crisis*. Editorial Díaz de Santos. Madrid.

Duque, Y.; Cardona, M.; y Rendón, J. (2013) Responsabilidad social empresarial: teorías, índices, estándares y certificaciones. *Revista Cuadernos de Administración*. Universidad del Valle, 29 (50), 196-206.

Fernández, R. (2009) *Responsabilidad Social Corporativa*. Editorial Club Universitario. Alicante.

Foro de Expertos sobre RSE (2007) Informe del Foro de Expertos en Responsabilidad Social de las Empresas. Ministerio de Trabajo y Asuntos Sociales. Madrid.

Freeman, E. (1984) *Strategic management: a stakeholders aprroch*. Cambridge, MA: Cambridge University Press.

Global Reporting Initiative (GRI). (s.f). La elaboración de memorias de sostenibilidad de GRI: ¿Vale la pena el viaje? Recuperado: de https://www.globalreporting.org/resourcelibrary/Spanish-Starting-Points-2-G3.1.pdf

Instituto Ethos (2005) *Conceptos básicos e indicadores de responsabilidad social empresarial. Manual de apoyo para periodistas*. Instituto Ethos. Sao Paulo.

International Organization for Standardization (ISO). (2010). ISO 26000 Social Responsibility. Recuperado de www.iso.org/iso/social_responsibility

Koontz, H y Weihrich, H. (2013) *Elementos de Administración. Un enfoque internacional y de innovación*. McGraw-Hill. México D.F

Licha, I. (2012). *Enseñanza de la Responsabilidad Social Empresarial. Retos de las Universidades en Iberoamérica*. Sudamericana: Buenos Aires.

Medina, A. y Severino, P. (2014) Responsabilidad empresarial: generación de capital social de las empresas. *Revista Contabilidad y Negocios,* 17(9), 63-72.

Mejía, M. y Newman, B. (2011) *Responsabilidad social total. Comunicación estratégica para la sustentabilidad.* Fondo de Cultura Económica. México D.F

Méndez, M. (2005). Ética y responsabilidad social corporativa. *Revista de Economía,* 823, 141-150.

Mitchell, R. K.; Agle, B. R. & Wood, D. J. (1997) Toward a theory of stakeholder identification and salience. Defining the principle of who and what really counts. *Academy of Management Review, 22, 853-886.*

Naciones Unidas. El pacto mundial. Disponible en http://www.un.org/es/globalcompact/ [consultado el 27 de marzo de 2015].

Peña, D. & Serra, A. (2012) Responsabilidad social empresarial en el sector turístico. Estudio de caso en empresa de alojamiento de la ciudad de Santa Marta, Colombia. *Revista Estudios y Perspectivas en Turismo,* 21 (6), 1456-1480.

Porter, M., & Kramer, M. (2006). Strategy and Society: The Link between Competitive Advantage and Corporate Social Responsibility. *Harvard Business Review*, 77-92.

PROHumana (2006). *Modelo de Gestión RS.* PROhumana: Santiago de Chile.

Stewart, G. (2000) *En búsqueda del valor.* Editorial Gestión 2000: Barcelona.

Vieri, J. & Jácome, M. (2011) La Responsabilidad Social como Modelo de Gestión Empresarial. *Revista EIDOS,* 4, 92-100.

Vilanova, M. y Dinarés, M. (2009) *Gestión de la responsabilidad social de la empresa (RSE) en las pymes. Modelo de indicadores de RSE para pymes. Manual de Uso.* Universidad de Ramon Llull: Barcelona.

Vincular (2006) Responsabilidad Social Empresarial. Modelo de Gestión de RSE: Santiago de Chile: Vincular - PUCV, Centro de Investigación.

Wheelen, T.; Hunger, J. y Oliva, I. (2007) *Administración estratégica y políticas de negocio. Conceptos y casos.* Pearson: México. D.F.

Modelo de Gestión Integrado: responsabilidad empresarial y buen gobierno corporativo

Mg. Pedro Severino González
Universidad Católica del Maule

Dr. Álex Medina Giacomozzi
Universidad del Bío-Bío

RESUMEN

El acervo de investigaciones sobre responsabilidad empresarial ha demostrado lo importante que es para las organizaciones implementar acciones que benefician a los grupos de interés, producto de un cambio de paradigma, en cuanto a la gestión de una empresa. A continuación, se presenta una propuesta de modelo de gestión empresarial integral de responsabilidad empresarial, que es producto de una revisión de diversos modelos de gestión responsable, en donde la propuesta considera la implementación del gobierno corporativo de las compañías.

1. INTRODUCCIÓN

Tradicionalmente se ha considerado que la gestión de toda empresa tiene como norte el incremento de la rentabilidad para sus controladores, ésta concepción ha cambiado a través del tiempo, lo cual ha implicado la incorporación de prácticas que respondan a todos los interés de las partes involucradas, lo que ha dado lugar a la creación de modelos, herramientas, indicadores, niveles, entre otros, que buscan facilitar la integración de la teoría de stakeholders, dentro de un marco de rentabilidad y de sustentabilidad, como sustento fundamental para sostener una ventaja corporativa. En la actualidad la gestión y, por tanto, el gobierno de toda empresa debe considerar la complejidad de las decisiones y el efecto que estas pueden tener en cada uno de los agentes involucrados y en la comunidad, por lo que debe considerar en su plenitud la responsabilidad que esto implica. Es por ello que es importante analizar las responsabilidades empresariales, el mapa de los stakeholders y el buen gobierno corporativo. Lo cual facilita la propuesta de un modelo de responsabilidad empresarial integral.

2. ANTECEDENTES TEÓRICOS

2.1. Responsabilidad Empresarial

De acuerdo a Friedman (1968) las empresas debían responder sólo a una responsabilidad, que era la generación de rentabilidad, debido a la presión de sus dueños, ya que la disposición de recursos en otras actividades, se consideraba como un gasto innecesario e irracional. Dicha premisa se ha ido modificando a través del tiempo producto de los cambios que se han generado en la gestión de las organizaciones, considerando variables que antes se dejaban de lado (Mejía y Newman, 2011).

En la actualidad dicha mirada ha cambiado profundamente, tema abordado por diferentes autores, tales como Carroll (1979: 1991); CCE (2001); Instituto Ethos (2005); Porter y Kramer (2006); GRI (2006); Foro de Expertos en RSE (2007); Wheelen et al. (2007); Carroll & Shabana (2010); Peña y Serra (2012); Aguilera y Puerto (2012); Avendaño (2013); Orozco et al., (2013); Fernández (2009); Briseño et al. (2011), ISO/WD (2010); Medina y Severino (2014); Ruizalba et al. (2014); Sánchez & Benito-Hernández (2015); Bai & Chang (2015); Skouloudis et al. (2015); Newman et al. (2015), los cuales manifiestan una directa relación entre la creación de valor, sustentabilidad y ventaja corporativa. Producto de lo anterior, diversas organizaciones han dispuesto de modelos, herramientas, guías de aplicación, para que las compañías puedan incorporar en su quehacer diario dichas actividades que parten del cumplimiento de la ley, considerando la ética y la filantropía (Carroll, 1979; Orozco et al., 2013).

La aplicación de las prácticas socialmente responsables, ha dado origen a diversas investigaciones desde el punto de vista de los sectores industriales, por mencionar: Café (Reinecke et al., 2012); Alimentos (Jones et al., 2011; López et al., 2011); Confección (O'Rourke, 2007; Vázquez y Gonzales, 2009); Educación (Licha, 2012; Martí et al., 2014; Gaete, 2014; Ysunza y Molina, 2010; Martí et al., 2014); Financiero (Rizkallah & Buendia, 2011; Seguí & Palomero, 2013); Minero (Vintró & Comajuncosa, 2010; Pardo y Sánchez, 2013); Pescado (Visseren-Hamakers et al., 2007; Oosterveer & Spargaren, 2011); Salud (Urdaneta, 2008; Terán-Varela et al., 2011); Turismo (Legorreta et al., 2010; Sepúlveda et al., 2014; entre otros.

De acuerdo a Carroll (1979: 1991); Cancino y Morales (2008); Carroll & Shabana (2010); Peña y Serra (2012); Avendaño (2013); Medina y Severino (2014), las empresas deben responder simultáneamente a las responsabilidades económicas, legales, éticas y filantrópicas, lo que a su vez permite la generación de valor (Stewart, 2000).

2.2. Modelos de Gestión de Responsabilidades Organizacionales

Un modelo es una representación gráfica que describe un conjunto de dimensiones, variables, procedimientos, constructos, indicadores, niveles de aplicación, entre otros, que puede ser utilizado como medio para el diseño y aplicación de políticas, prácticas, acciones, programas, entre otros, que conduzcan a la generación de desempeño social (Mejía y Newman, 2011; Gilli, 2011). Dicho desempeño social se encuentra en directa relación a la creación de valor económico, ya que las metas sociales y económicas no se contradicen entre sí (Porter y Kramer, 2006; Almagro et al. 2010), dando lugar al rendimiento económico, social y medioambiental.

Existen instituciones y publicaciones científicas, tales como Pacto Mundial de las Naciones Unidas (2000); Quazi, A. & O'Brien (2000); Instituto Ethos (2005); PROhumana (2006); Vincular (2006); Alvarado y Schlesinger (2008); Vásquez y Gonzales (2009); Vilanova y Dinarés (2009); Viteri y Jácome (2011); Viveros & Jennifher (2012); Calderón y Fábregas (2013); Vergara y Carbal (2014); Vázquez y Polo (2015); Gallardo (2015), entre otros, que proponen modelos para empresas donde se entregan antecedentes y guías para la implementación de prácticas socialmente responsable, considerando a una empresa de manera aislada de la alta gerencia, dejando de lado el consejo de administración, que es el principal impulsor de una estrategia institucional (Cabanelas, 1997; Medina y Severino, 2014), ya que es considerada como un motor que impulsa la integración de la responsabilidad empresarial en la estrategia corporativa, de negocio y funcional.

2.3. Mapa de los Stakeholders

El concepto de stakeholders tiene un sinnúmero de traducciones, por mencionar: grupos estratégicos, público interno y externo, partes interesadas, grupos de interés, el cual fue acuñado por primera vez por Freeman (1984), para referirse a aquellas personas o instituciones que son afectados de manera positiva o negativa por el actuar de las compañías. Dicho concepto ha sido abordado por Weiss (2006); Wheelen et al. (2007); Barcellos y Gil (2010); Carroll & Shabana (2010); Aguilera y Puerto (2012); Seguí (2012); Bourne (2013); Avendaño (2013); Orozco et al. (2013); Ayuso et al. (2014); Yang & Yeh (2014); Volpentesta et al. (2014); Medina y Severino (2014); Iborra (2014); Pantoja et al. (2015); Bruna y Martín (2015), entre otros, para desarrollar una clasificación de los mismos e identificar con mayor claridad los intereses de cada uno de ellos y como éstos afectan a la compañía.

Al considerar a Medina y Severino (2014), Martínez et al. (2015), estos indican que la importancia de los stakeholders también radica en la modificación del concepto empresa, en donde antaño se consideraban como un grupo de recursos que interactuaban entre sí de manera coordinada, en búsqueda de generación de riqueza; ahora en cambio, se manifiesta como un conjunto de personas que tienen sus propias expectativas, necesidades y requerimientos, las cuales deben ser suplidas a través de la organización (Avendaño, 2013). Para ello es importante identificar y conocer sus necesidades (Aguilera y Puerto, 2012), dando espacio al diseño y aplicación de políticas, programas, prácticas u otras (Alwyn y Kiyoteru, 2012; Bestratén y Pàmias, 2014)

De acuerdo a Donaldson & Preston (1995); Mitchell et al. (1997); Avendaño (2013); Medina y Severino (2014); Pereira & Jiménez (2011); Ayuso et al. (2014), entre otros, plantean diferentes criterios para clasificar los distintos grupos estratégicos. Por mencionar algunos de ellos: grado de influencia en la dirección de la estrategia, relación formal o contractual, el grado de importancia otorgada por el gobierno de la empresa, nivel de compromiso de tipo ético por parte de las compañía, grado de derecho sobre la compañía, entre otros, dando lugar a grupos de interés primarios, secundarios, como además indirectos e intervinientes, considerando diversos factores como: poder, legitimidad y urgencia, latentes, expectantes, definitivas y no takeholders, entre otros.

2.4. Buen Gobierno Corporativo

La expresión de buen gobierno corporativo tiene incorporado un juicio de valor, el cual se refiere al método que la empresa utiliza para desarrollar cada una de sus acciones basados en principios y valores, que pretenden prevenir la corrupción y lograr un alto nivel de integridad, despertando la confianza e integridad en los mercados de valores (Freire & Repullo, 2011: Kim y Purnanandam, 2014). De igual manera, Toro & Ramírez (2012) definen gobierno corporativo como un sistema que permite gestionar y controlar las acciones en el interior de una compañía, logrando consolidar una estructura que otorga derechos y responsabilidades a los diferentes stakeholders (Lai y Chen, 2014; Ayuso et al., 2014).

De acuerdo a Gómez-Betancourt y Zapata-Cuervo (2013) existen en todo el mundo cinco modelos de gobierno corporativo que se desprenden de los diversos códigos emanados en los distintos países, a saber: Asiático y de Oceanía, Europa del Sur y del Occidente, Países Nórdicos, Norte Americano y Latinoamericanos. En cambio, López y Pereira (2006) establecen que las normas de gobierno corporativo se adscriben a dos modelos, el de ley civil o el de ley común, según sea la base legal del respectivo país. Es más, estos autores indican que, en el caso de los basados en la ley civil, se pueden subdividir en la tradición francesa, escandinava o germánica.

Según Bueno & Santos (2009) y Mason & Simmons (2013), es tradicional que el sistema de gobierno corporativo se encuentre íntimamente ligado con las teorías de responsabilidad social empresarial, stakeholders y problemas de agencia, producto de las diversas responsabilidades que tiene la empresa con las partes interesadas, y el conflicto que se genera entre propietario y controlador de la compañía, lo cual es producto de la gestión encomendada al principal, que pueden ocasionar diferencias entre los socios o accionistas principales de la empresa (Orozco et al., 2013; Rahim y Alam, 2013).

Según OCDE (2004) y Puentes et al. (2009), se entiende por Gobierno Corporativo, como un sistema que pretende evaluar y perfeccionar el marco legal de una compañía, en virtud de una serie de recomendaciones que velan por las interacciones entre directorio y la empresa basados en derechos y responsabilidades de cada grupo de interés, en búsqueda de la eficiencia económica que es fruto de la confianza de sus accionistas.

3. MATERIALES DE LA INVESTIGACIÓN

El desarrollo de ésta investigación se ha efectuado bajo el alero de la metodología cualitativa expuesta por Bunge (2004) y Hernández et al. (2010), que consiste en una revisión sistemática de diversos modelos de gestión de responsabilidades empresarial que poseen las organizaciones con los grupos de interés, además de una revisión del estado del arte que aborda temáticas tales como stakeholders y gobierno corporativo, con la finalidad de disponer de un primer acercamiento a un modelo integral que permita la creación de valor a cada uno de los stakeholders y a la empresa en su conjunto.

La literatura existente considera aspectos aislados dejando la integridad e interdependencia que existen en cada uno de los elementos que forman parte de una compañía, además de la implicancia que tiene el gobierno corporativo de una organización, como principal impulsor de las responsabilidades empresarial que poseen frente a sus diversos grupos de interés, los cuales se relacionan con la creación de valor económico y social.

Dado lo anteriormente expuesto, se presenta un primer acercamiento que integra los diversos modelos de responsabilidad social empresarial, la creación de valor, las responsabilidades empresariales, los grupos de interés y el gobierno corporativo. La cual puede ser utilizada por las empresas al momento de definir su orientación estratégica, con el objeto de considerar cada uno de los grupos de interés, ya que son las personas que dan vida a una compañía, evitando o minimizando los diversos problemas que se pueden presentar en una compañía.

4. PRINCIPALES RESULTADOS

Las empresas, en general, dentro del marco de la responsabilidad empresarial, deben perseguir dos finalidades que son la creación de valor económico y valor social, en donde el primero se encuentra condicionado a la capacidad que tiene la empresa en gestionar sus recursos económicos, lo cual le permita ser una compañía rentable. En cambio, la creación de valor social, es la capacidad que posee la organización en responder apropiadamente a las necesidades y expectativas de los grupos de interés y la comunidad en general. En donde dicha gestión del valor debe ser de manera equilibrada para que la compañía pueda beneficiar a todos los agentes involucrados de manera integral. Dicha incorporación de la creación de valor comienza con la correcta consideración del gobierno corporativo de una compañía de las responsabilidades, limitaciones y deberes que poseen por ser parte de una alta dirección de una empresa (Gráfico N° 1).

Gráfico N° 1: Gobierno Corporativo típico

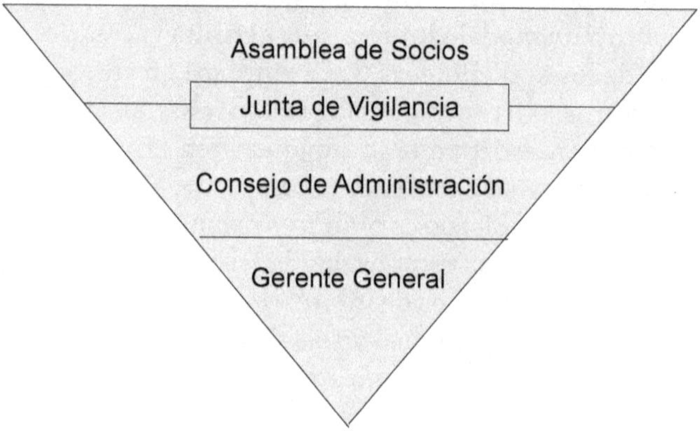

Fuente: Elaboración propia

Por tanto, el gobierno corporativo de una empresa debe comprometerse con cada una de sus responsabilidades empresariales (económica, legal, ética y filantrópica), lo que permitirá la creación de valor económico y social, las cuales deben estar alineadas con la orientación estratégica (visión corporativo, misión corporativo), los objetivos corporativos y las estrategias. La creación de valor económico se encuentra en relación a la responsabilidad económica, en cambio la creación de valor social, está condicionada con la responsabilidad ética y filantrópica, sin descuidar el marco regulatorio, es decir, la responsabilidad legal (Gráfico N° 2).

Gráfico N° 2: Relación entre responsabilidades empresariales
y gobierno corporativo

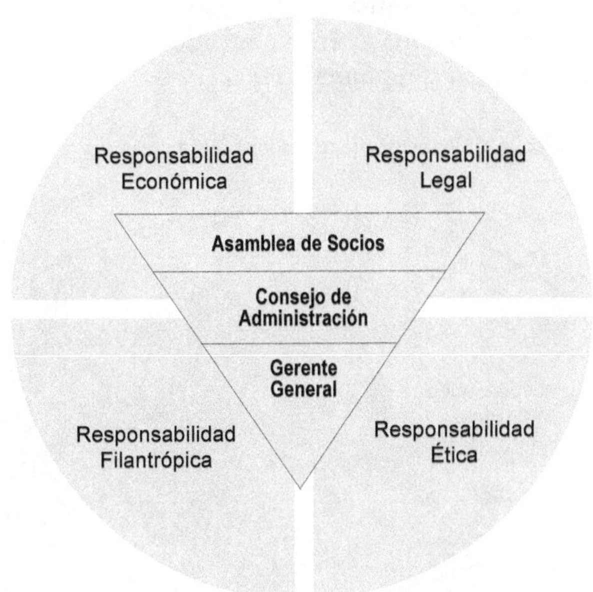

Fuente: Elaboración propia

La responsabilidad empresarial implica que el gobierno corporativo, debe responder apropiadamente a cada uno de sus stakeholders, acorde a las expectativas de cada uno de ellos espera de la empresa, lo cual la obliga a ser muy responsable en propias expectativas, para así no crear un conflicto que vaya en detrimento de sus agentes, la propia empresa o la comunidad en general. No se debe desconocer que, en una sociedad de los derechos, estos agentes interesados, están cada vez más dispuestos a hacer valer sus derechos, lo cual obliga a la empresa a actuar correctamente, es decir, a ser responsable del efecto de sus decisiones, particularmente en lo que respecta a las posibles externalidades negativas que generan estas decisiones y su accionar.

Es necesario aclarar que las empresas al momento de considerar la creación de valor social y el marco regulatorio (responsabilidad legal), deben contar con valores éticos claros y consistentes en el tiempo (Gráfico 3), ya que estos constituirán una guía que permite discriminar si una necesidad, requerimiento, comportamiento y actitud de los grupos de interés internos y externo, que conforman y viabilizan una compañía es ética o no ética, la cual se encuentra condicionada por un componente legal.

Gráfico N° 3: Relación entre responsabilidades ética y legal

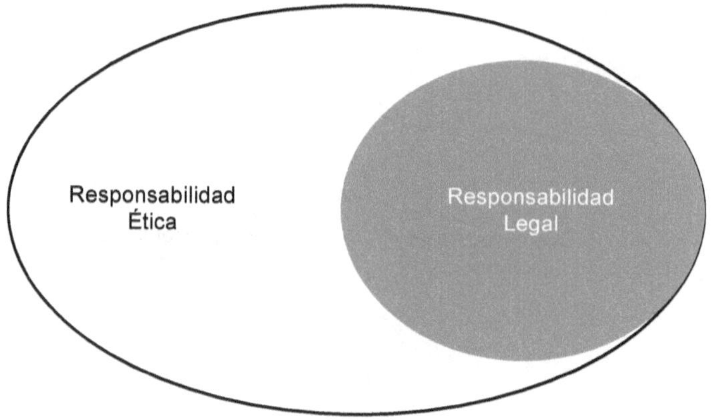

Fuente: Elaboración propia

5. CONCLUSIÓN

Las prácticas socialmente responsables han tomado mayor relevancia en los últimos años, pero particularmente en este siglo, lo cual ha conducido a un acervo de investigaciones, dando origen a modelos, herramientas, indicadores, niveles, entre otros, que buscan facilitar la integración de la teoría de stakeholders, buscando la creación de valor y sustentabilidad de la empresa y de todos y cada uno de los agentes económicos involucrados.

Además, se hace necesario diseñar modelos que respondan a la naturaleza de los negocios de acuerdo al sector industrial que pertenezca, ya que los grupos de interés y en especial los consumidores poseen diversos requerimientos y necesidades que la empresa debe saber responder y hacerlo de forma adecuada.

Por último, es importante diseñar un modelo de gestión que

permite identificar los diversos grupos de interés, con la finalidad de detectar sus necesidades, para que las decisiones en la empresa, partiendo por el gobierno corporativo, consideren el efecto presente y de largo plazo de estas decisiones a estos actores, de tal forma de propender al beneficio de cada uno de ellos, la permanencia de la compañía, buscando incrementar el valor en cada uno de estos actores.

REFERENCIAS

Aguilera, A. y Puerto, D. (2012). Crecimiento empresarial basado en responsabilidad social. *Revista Pensamiento y Gestión*, 32, 1-26.

Almagro, J., Garmendia, J. y De la Torre, I. (2010). Responsabilidad Social. Una reflexión global sobre RSE. Edición Pearson Educación S. A. Madrid. España

Alwyn L. y Kiyoteru T. (2012). Globalization and Commitment in Corporate Social Responsibility: Cross-National Analyses of Institutional and Political-Economy Effects. *American Sociological Review*, 77(1), 69-98.

Avendaño, W. (2013). Responsabilidad social (RS) y responsabilidad social corporativa (RSC): una nueva perspectiva para las empresas. *Revista Lasallista de Investigación,* 10(1), 152-163.

Ayuso, S., Rodríguez, M., García-Castro, R. & Arino, M. (2014). Maximizing Stakeholders' Interests: An Empirical Analysis of the Stakeholder Approach to Corporate Governance. *Business & Society,* 53(3), 414-439.

Bai, X & Chang, J. (2015). Corporate social responsibility and firm performance: The mediating role of marketing competence and the moderating role of market environment. Asia Pacific *Journal of Management*, 32, 2, 505 - 530.

Barcellos, L. y Gil, A. (2010). Algoritmo aplicado en el diálogo con los grupos de interés: un estudio de caso en una empresa del sector de turismo. *Revista Contabilidad y Negocios,* 5(10), 76 - 85.

Bestratén, M. y Pàmias, O. (2014). Responsabilidad social de las empresas: modelo GRI G 4 (I). Instituto Nacional de Seguridad e Higiene en el Trabajo. Madrid. España

Bourne, L. (2013). Gestión de Stakeholders. Gestión de grupos de interés. Ediciones EAN. Bogota. Colombia

Briseño, A., Lavín, J. y García, F. (2011). Análisis exploratorio de la responsabilidad social y su dicotomía en las actitudes sociales y ambientales de la empresa. *Revista Contaduría y Administración,* 233, 73 – 90.

Bruna, D. y Martín, C. (2015). La participación de los stakeholders en los destinos turísticos españoles: análisis de la situación actual. Aposta. *Revista de Ciencias Sociales*, (65), 151 - 174.

Bueno, J. y Santos, D. (2012). Teoría de la agencia en la determinación de la estructura de capital. Casos sectores económicos del Departamento del Valle del Cauca. *Revista Prolegómenos – Derechos y Valores,* 15, 30, 161-176.

Bunge, M. (2004). La metodología científica. 3ra. edición. México, D.F.: Siglo XXI.

Cabanelas, J. (1997). Dirección de empresas: bases en un entorno abierto y dinámico. Editorial Pirámide. Madrid. España

Calderón, J. y Fábregas, C. (2015). Modelo de responsabilidad social empresarial de Coca-Cola Femsa. *Revista Liderazgo Estratégico*, 3(1), 120-134.

Cancino, Ch. y Morales, M. (2008). Responsabilidad Social Empresarial. Universidad de Chile. Facultad de Economía y Negocios. Santiago.

Carroll A. & Shabana, K. (2010). The Business Case for Corporate Social Responsibility: A Review of Concepts. International *Journal of Management Reviews*, 12(1), 85-105.

Carroll, A. (1979). A three-dimensional conceptual model of corporate performance. *Academy of Managment Review,* 4(4), 497-505.

Carroll, A. (1991). The Pyramid of Corporate Social Responsibility: Toward the Moral Management of Organizational Stakeholders. *Business Horizons*, 34, 39-48.

Comisión de las Comunidades Europeas (2001). Libro Verde: Fomentar un marco europeo para responsabilidad social de las empresas. Comisión de las Comunidades Europeas (CCE). Bruselas.

Donaldson, T. & Preston, L. (1995). The Stakeholder Theory of the Corporation: Concepts, Evidence, and Implications. *Academy of Management Review*, 20, 65-91.

Fernández, R. (2009). Responsabilidad Social Corporativa. Editorial Club Universitario. Alicante. España

Foro de Expertos sobre RSE (2007). Informe del Foro de Expertos en Responsabilidad Social de las Empresas. Ministerio de Trabajo y Asuntos Sociales. Madrid.

Freeman, E. (1984). Strategic management: a stakeholder approach. Ed Pitman. Boston.

Freire, J. y Repullo, J. (2011). Good governance of publicly-produced health services: ideas for moving forward. *Ciência & Saúde Coletiva*, 16 (6), 2733-2742.

Gaete, R. (2014). La responsabilidad social universitaria como política pública: un estudio de caso. *Revista Documentos y Aportes en Administración Pública y Gestión Estatal*, 22, 103 – 127.

Gallardo, D., Sánchez, M., Castilla, F. (2015). Theoretical and methodological framework for the qualitative validation of an explanatory model of social responsibility in cooperative societies. *Revista de Estudios Cooperativos*, (118), 86-120.

Gilli, J. (2011). Ética y empresa: valores y responsabilidad social en la gestión. Ed Granica. Buenos Aires.

Gómez-Betancourt, G. y Zapata-Cuervo, N. (2013). Gobierno Corporativo: Una comparación de códigos de gobierno en el mundo, un modelo para empresas latinoamericanas familiares y no familiares. *Revista Entramado*, 9(2), 98-117.

GRI (2006). Sustainability Reporting Guidelines. Global Reporting Initiative. Amsterdam.

Hernández, R., Fernández, C. y Baptista, C. (2010). *Metodología de la Investigación*. (5ta. edición). McGraw-Hill.México

Iborra, M. (2014). Hacia una teoría ética de identificación y relevancia de los grupos de interés: Responsabilidad, intencionalidad y previsión, poder y dependencia, urgencia y vulnerabilidad. *Revista Globalización, Competitividad & Gobernanza*, 8(2), 87-101.

Instituto Ethos (2005). Conceptos básicos e indicadores de responsabilidad social empresarial. Manual de apoyo para periodistas. Instituto Ethos. Sao Paulo.

International Organization for Standardization (ISO). (2010). ISO 26000 Social Responsibility. Recuperado de: www.iso.org/iso/social_responsibility

Jones, P., Hillier, D. & Comfort, D. (2011). Shopping for tomorrow: Promoting sustainable consumption within food stores. *British Food Journal*, 113, 7, 935 - 948.

Kim, E. y Purnanandam, A. (2014). Seasoned Equity Offerings,

Corporate Governance, and Investments. *Review of Finance*, 18(3), 1023-1057.

Lai, JH. y Chen, LY. (2014). The valuation effect of corporate governance on stakeholders wealth: Evidence from strategic alliance. International *Review of Economics & Finance*, 32, 117-131.

Legorreta, A., Osorio, M. y Salvador, J. (2010). Ética ambiental y turismo: relación responsable hombre – naturaleza. *Revista Ciencia y Sociedad*, 35, 3, 407-438.

Licha, I. (2012). *Enseñanza de la Responsabilidad Social Empresarial. Retos de las Universidades en Iberoamérica.* Ed Sudamericana. Buenos Aires

López, A.; Contreras, R. y Molina, R. (2011). La responsabilidad social empresarial como estrategia de competitividad en el sector alimentario. *Revista Cuadernos de Administración*, 24, 43, 261-283.

López, F. y Pereira, M. (2006). Análisis internacional de los códigos de buen gobierno. Universia *Business Review*, 3(11), 10-21.

Martí, J.; Marti-Vilar, M. y Almerich, G. (2014). Responsabilidad social universitaria: influencia de valores y empatía en la autoatribución de comportamientos socialmente responsables. *Revista Lationamericana de Psicología*, 46, 3, 160-168.

Medina, A. y Severino, P. (2014). Responsabilidad empresarial: generación de capital social de las empresas. *Revista Contabilidad y Negocios*, 9(17), 63-72.

Mejía, M. y Newman, B. (2011). *Responsabilidad social total. Comunicación estratégica para la sustentabilidad.* Fondo de Cultura Económica. México. D.F.

Mitchell, R.K.; Agle, B.R. & Wood, D.J. (1997). Toward a theory of stakeholder identification and salience. Defining the principle of who and what really counts. *Academy of Management Review*, 22(4), 853-886.

Naciones Unidas. (2015). El pacto mundial. Disponible en www.un.org/es/globalcompact/

Newman, A.; Nielsen, I. & Miao, Q. (2015). The impact of employee perceptions of organizational corporate social responsibility practices on job performance and organizational citizenship behavior: evidence from the Chinese private sector. International *Journal of Human Resource Management*, 26, 9, 1226-1242.

O'Rourke, D. (2007). Bringing in social actors: Accountability and regulation in the global textiles and apparel industry. In: D. Brown & N. Woods (Eds.) *Making global self-regulation effective in developing countries*. Oxford University Press. Oxford

OECD. (2004), OECD Principles of Corporate Governance: Organization for Economic Co-operation and Development. Paris

Oosterveer, P, & Spargaren, G. (2011) Organising consumer involvement in the greening of global food flows: the role of environmental NGOs in the case of marine fish. *Environmental Politics*, 20, 1, 97–114.

Orozco, Y.; Acevedo, M. y Acevedo, J. (2013). Responsabilidad Social Empresarial: Teorías, índices, estándares y certificaciones. *Cuadernos de Administración*, 29(50), 196-206.

Pantoja, M.; Rodríguez, M. y Carrión, A. (2015). Diseño de un Cuestionario para Valorar los Atributos de Grupos de Interés Universitarios desde un Enfoque de Liderazgo Participativo. *Revista Formación Universitaria*, 8(4), 33-44.

Pardo, L. y Sánchez, L. (2013). Estudio exploratorio sobre la responsabilidad social en el sector minero del carbon del departamento de Boyacá, con base en los lineamientos de la Guía ISO 26000. *Revista SIGNOS* , 5, 1, 69 - 87.

Peña, D. & Serra, A. (2012). Responsabilidad social empresarial en el sector turístico. Estudio de caso en empresa de alojamiento de la ciudad de Santa Marta, Colombia. *Revista Estudios y Perspectivas en Turismo*, 21(6), 1456-1480.

Pereira, A. y Jiménez, M. (2011). La Gestión de las relaciones con los Grupos de Interés. Un análisis exploratorio de casos en el sector hotelero español. *Revista Estudios y Perspectivas En Turismo*, 20(4), 753– 771.

Porter, M., & Kramer, M. (2006). Strategy and Society: The Link between Competitive Advantage and Corporate Social Responsibility. *Harvard Business Review*, 84(12), 77-92.

PROhumana (2006). *Modelo de Gestión RS*. PROhumana. Santiago.

Puentes, R.; Velasco, M. y Vilar, J. (2009). El bueno gobierno corporativo en las sociedades cooperativas. *Revista de Estudios Cooperativos*, 98, 118-140.

Quazi, A. & O'Brien, D. (2000). An Empirical test of a cross-national model of Corporate Social Responsibility. *Journal of Business*

Ethics, 25, 33-51.

Rahim, M. y Alam, S. (2013). Convergence of Corporate Social Responsibility and Corporate Governance in Weak Economies: The case of Bangladesh. *Journal of Business Ethics*, 121, 4, 607-620.

Reinecke, J.; Manning S. & Von, O. (2012). The Emergence of a Standards Market: Multiplicity of Sustainability Standards in the Global Coffee Industry. *Organization Studies*, 33, 789-812.

Reinert, F. y Barbosa, M. (2015). Responsabilidad social corporativa en el sector turístico. Un estudio de caso en el parque temático beto carrero world (Santa Catarina – Brasil). *Revista Estudios y Perspectivas en Turismo*, 24, 264 - 278.

Rizkallah, E. & Buendia, I. (2011). Corporate social responsibility in the financial sector: are financial cooperatives ready to the Challenge? *Revista CIRIEC: Economía, Pública, Social y Cooperativas*, 73, 127–149. España.

Ruizalba, J.; Vallespín, M. y González, J. (2014). El voluntariado corporativo y sus efectos sobre la satisfacción laboral y el compromiso en empresas familiares de Andalucía. *Revista de Empresa Familiar*, 4(1), 45-58.

Sánchez, P. & Benito-Hernández, S. (2015). CSR Policies: Effects on Labour Productivity in Spanish Micro and Small Manufacturing Companies. *Journal of Business Ethics*, 22, (12), 705-724.

Seguí, A. & Palomero, S. (2013). The spanish banks in face of the corporate social responsibility standards: previous analysis of the financial crisis. *Revista Brasileira de Gestão de Negócios*, 15, (49), 562–581.

Seguí, A. (2012). Los grupos de interés en la entidad de créditos españolas. *Revista Investigaciones Europeas de Dirección y Economía de la Empresa*, 18(1), 33-51.

Sepúlveda , J.; Ordonñez, F. y Prada, C. (2014). Perfil de responsabilidad social empresarial del sector hotelero. *Revista Estudios y Perspectivas en Turismo*, 23, 23–39.

Stewart, G. (2000). *En búsqueda del valor*. Editorial Gestión 2000. Barcelona.

Terán-Varela, O.; Pérez-Garcés. R.; Brunett-Pérez, L. y Mejía-Quintanar, L. (2011). La responsabilidad social de las instituciones de salud pública (caso centro de rehabilitación e integración social zona oriente del estado de México). *Revista Gerencia y*

Políticas de Salud, 10, (21), 48-59.

Toro, C. y Ramírez, H. (2012). El gobierno corporativo en la cooperativa de trabajo asociado Recuperar CTA. *Revista Entramado,* 8(2), 94-104.

Urdaneta, M. (2008). La Responsabilidad social en la industria farmacéutica del estado Zulia. *Revista Venezolana de Gerencia,* 41, 51–74.

Vásquez, J. & Gonzales, D. (2009). Metodología para implementar un modelo de responsabilidad social empresarial (RSE) en la industria de la curtiembre en Colombia. *Revista Contabilidad y Negocios,* 4(8), 49-56.

Vázquez, D. y Polo, F. (2015). Modelo de gestión para la responsabilidad social en cooperativas. *Economía industrial,* (396), 139-149.

Vergara, J. y Carbal, A. (2014). Diseño de un sistema de gestión en responsabilidad social empresarial para Pequeños hoteles de la ciudad de Cartagena. *Revista Saber, Ciencia y Libertad,* 9(2), 91-108.

Vieri, J. & Jácome, M. (2011). La Responsabilidad Social como Modelo de Gestión Empresarial. *Revista EIDOS,* 4, 92-100.

Vilanova, M. y Dinarés, M. (2009).Gestión de la responsabilidad social de la empresa (RSE) en las pymes. Modelo de indicadores de RSE para pymes. Manual de Uso. Universidad de Ramon Llull. Barcelona.

Vincular (2006). Responsabilidad Social Empresarial. Modelo de Gestión de RSE: Vincular-PUCV, Valparaíso.

Viveros, J. & Jennifher, M. (2012). Modelo de responsabilidad social para la empresa privada con ánimo de lucro. Tendencias: *Revista de La Facultad de Ciencias Económicas y Administrativas,* 13(1), 116-134.

Volpentesta, J.; Chahín, T.; Alacaín, M.; Nieves, G.; Spinelli, H.; Codero, M.; Cortejarena, A. y Greco, P. (2014). Identificación del impacto de la gestión de los stakeholders en las estructuras de las empresas que desarrollan estrategias de responsabilidad social empresarial. *Revista Universidad & Empresa,* 16(26), 63 - 92.

Volpentesta, J.; Chahín, T.; Alcaín, M.; Nievas, G.; Spinelli, H.; Cordero, M.; Cortejarena, A. y Greco, P. (2014). Identificación del impacto de la gestión de los stakeholders en las estructuras de las empresas que desarrollan estrategias de responsabilidad social empresarial. *Revista Universidad & Empresa*, 16(26), 63-92.

Weiss, J. (2006). *Ética en los negocios: Un Enfoque de Administración de los Stakeholders y de Casos*. 4ta edición. Thomson. México. D. F.

Wheelen, T.; Hunger, J. & Oliva, I. (2007). *Administración estratégica y políticas de negocio. Conceptos y casos* (10a ed.). Editorial Pearson. México D. F.

Yang, Cc. & Yeh, Ch. (2014). Application of System Dynamics in Environmental Risk Management of Project Management for External Stakeholders. *Systemic Practice and Action Research*, 27(3), 211 – 225.

Ysunza, M. y Molina, J. (2010). Principios éticos y responsabilidad social en la Universidad. *Revista de Administración y Organizaciones*, 11–21.

Responsabilidad Social: causas y soluciones para un mejor desempeño de la empresa, familia y la sociedad

Dr. Víctor M. Mercader
Universidad Cetys, México

RESUMEN

El propósito de esta investigación, es identificar y analizar las causas del inadecuado desempeño y, en consecuencia, las soluciones factibles aplicables a la Responsabilidad Social en las empresas, las familias, y la sociedad. Se diseñó *una encuesta* que fue aplicada a una muestra de profesionales que laboran en el área de Baja California, centro industrial de primer orden y de gran desarrollo de México, y que es un estado fronterizo con EEUU.

Los resultados obtenidos, provienen de la percepción de los profesionales de la muestra en estudio y; ofrecen la oportunidad de tener un mayor conocimiento y comprensión de las causas y variables generadoras de presencia o ausencia de Responsabilidad social tanto en las empresas, como en la familia y la sociedad. Las respuestas se han categorizado, y se han obtenido taxonomías para poder agrupar y priorizar las respuestas , para presentar propuestas y soluciones factibles de mejoramiento de la RSE, que pueden ser aprovechadas por diferentes tipos de líderes, empresarios, estudiantes, educadores, investigadores y personas en general, tanto a nivel personal como profesional, empresarial, familiar y social.

La principal conclusión es, que cuando se conozcan mejor las causas y soluciones viables de la aplicación de la Responsabilidad social, las posibilidades de implementarla como norma de vida y de trabajo, serán más fáciles y realizables, y será posible tener un mayor impacto en el desempeño con una mejor empresa y/o trabajo, una mejor familia y una mejor sociedad.

I. INTRODUCCIÓN

La responsabilidad social como sus propias palabras lo dicen, indica la responsabilidad que se tiene y hay que asumir como individuos, grupos, familia, empresa o comunidad, para resolver situaciones que padecen, de una forma u otra, la sociedad y convertirlo de forma simultánea en bienestar propio y común. Todo lo que genera carencia, sufrimiento, privación o agravio si se analiza de forma integral, va a repercutir, en mayor o menor grado, de manera negativa en los demás. Es la propia historia la que demuestra con hechos trágicos y nefastos, cómo la falta de conciencia y de responsabilidad social ha influido en que los abusos de poder, discriminación, violencia, conflictos y guerras, hayan sido la característica como común denominador de la llamada civilización del ser humano.

Se requiere de un cambio de mentalidad en base a la aplicación de valores éticos y adquisición práctica de conocimientos para lograr emerger nuevas generaciones con conciencia humanitaria y social, donde la educación debe servir de catapulta para inducirlo y lograrlo. Bañón-Gómis, et al. (2011) explican la relación que existe entre la Ética y la Responsabilidad Social de la Empresa (RSE), indicando que cada una es función de realidades diferentes pero inseparables; es por ello que la RSE puede considerarse e interpretarse tanto por sus contenidos como por la aplicación de la ética.

Vélez, A.M. (2011) muestra la trayectoria de las personas comerciantes y con poder desde el siglo XVII a través de la historia donde siempre ha habido gente altruista y que ha colaborado con los más necesitados, y de eso se trata, de contribuir al desarrollo sostenible a fin de mejorar la calidad de vida de la sociedad con visión presente y a futuro. También Sundar, P. (2013) explica con detalle cómo ha ido evolucionando la RS en India.

En las últimas décadas se comenzó a asociar el término responsabilidad social con la toma de conciencia de la necesidad de preservar la parte ecológica y ambiental del planeta al apreciarse el daño que se estaba infligiendo, y que aún está ocasionándosele a la naturaleza. En esta última década, este concepto se acrecentó de manera significativa con una visión más clara, amplia y real del efecto de la responsabilidad social y ha comenzado a tomar peso y sentido en general, pudiéndose apreciar mejor el beneficio que brinda a todo nivel su aplicación en las empresas, familias y sociedad.

El objetivo de esta investigación, es identificar y analizar la necesidad, las causas del no adecuado desempeño y las soluciones factibles aplicables a la Responsabilidad Social (RS) en la empresa, familia y sociedad.

La responsabilidad Social (RS) ha pasado a ser una necesidad con sus causas y efectos que intervienen y que afectan los resultados del desempeño, tanto interna como externamente, de las organizaciones, bien sean empresas, familias o sociedad.

Cada uno de nosotros dentro de estas tres dimensiones pasamos a ser responsables del desempeño de cualquier tipo de organización. Todos tenemos necesidades de todo tipo a cualquier nivel y si podemos ser parte de la solución y colaborar con los demás, estaremos interrelacionándonos más entre sí y siendo pioneros de un mejoramiento contínuo a nivel integral. De allí la importancia de tomar conciencia de las categorizaciones y variables obtenidas en el estudio, aplicables a nuestra realidad de acción y logro para un mejor desempeño.

Preguntas de investigación
El instrumento diseñado busca la identificación, el conocimiento y el análisis de:
1. Si la Responsabilidad Social es necesaria en las empresas, familias y sociedad.
2. Las causas que impiden una adecuada o no efectiva Responsabilidad Social en las empresas, familias y sociedad.
3. Las soluciones factibles para mejorar la Responsabilidad Social en las empresas, familias y sociedad.

II. MARCO TEÓRICO

Las empresas, van adquiriendo una reputación mayor día tras día y con mayor repercusión cuando son consistentes con su RS, lo cual atrae la atención y acercamiento de inversionistas y potenciales clientes que siempre se enfocan en aquellas empresas que conjugan calidad, justos precios y confiabilidad. Vohra, N. & Sheel, R. (2012) enfatizan que la RS, tiene incluso relación con el desempeño financiero de las empresas.

Arredondo, F. G. et al. (2011) establece el vínculo del consumidor con la Responsabilidad Social de las empresas (RSE), e identifica actitudes disímiles en las empresas cuando hay carencia de RSE. A su vez, demuestra por ejemplo, que la mujer adulta procede de modo más enfático, en contra de las empresas que no realizan sus funciones de manera socialmente responsable.

Por otra parte, según León, F. (2008), la percepción de los

clientes o consumidores pasa a ser función de la incorporación de RSE, que tiene gran influencia en la decisión de compra o rechazo de productos o servicios por parte de los consumidores. Se habrá incrementado así, la orientación y sensibilidad de los consumidores y de los demás entes o grupos relacionados con la RSE tales como son los inversionistas, colaboradores, directivos, proveedores, gobierno, organizaciones sociales y comunidad en pro de generar beneficios comunes. Se puede sostener que ello potenciará la convivencia social, lealtad, reputación, ventas, atracción de mejores empleados y proveedores, valores éticos, confianza y credibilidad (Chernev, A. & Blair, S., 2015). En un estudio realizado por Marín, L. & Ruíz, S. (2008), se muestra que la empatía entre clientes y trabajadores de la empresa y la identificación del cliente con las acciones de RS de la entidad, tienen relación y afecta en positivo la credibilidad de la comunicación mutua, generando mayor atracción, mejor comportamiento y una permanencia más leal, tanto de clientes como de los trabajadores.

Este tipo de vinculación entre las diferentes personas o entidades vinculadas con la empresa y la RS a través de la comunicación como eje fundamental, ha sido poco explorada por investigadores y empresarios a pesar de que se trata de un trabajo mancomunado donde las partes se benefician y generan un ganar-ganar continuo (Castaño, E. J., 2011). Por su parte, Fernández, D. & Merino, A. (2005) mencionan que la mayor transparencia informativa ha favorecido la aparición de consumidores socialmente responsables, y también señalan como positivo en su estudio, la disponibilidad a pagar por las actuaciones socialmente responsables de las empresas. Por otra parte, la comunicación con sensibilidad humana aplicada a la RS tanto interna como externa, es de gran ayuda para generar cambios que atraigan a los consumidores y a los empleados a una mayor participación y sentido de pertenencia. Se genera una sinergia que integra un sin número de beneficios como son también: la productividad, el compromiso, la motivación, la satisfacción en el cargo y el trabajo en equipo entre otros.

Ros-Diego, V. & Castelló, A. (2012), destacan que hay que aprovechar el uso de los medios de comunicación en todos sus conceptos y plataformas existentes para hacer saber las estrategias empresariales y sociales y los logros evidenciables alcanzados para impulsar la RSE.

Es decir, no se trata solo de llevar a cabo programas de responsabilidad social, sino que hay que saber comunicarlos y promocionarlos para contagiar cada vez más a otras personas y empresas en pro del bienestar propio y común. Para ello, la utilización de las distintas alternativas de medios y redes accesibles en casi todos los países del mundo, pasa a ser la herramienta más útil de mejores logros y con mayor alcance.

Sin embargo, no deja de haber personas que piensan que la responsabilidad social es función del individuo y no de la empresa, y que lo que se debe hacer a nivel empresarial es producir con rentabilidad económica bajo las leyes vigentes. Todo lo demás, son distracciones y dispersión de esfuerzos.

Fernández, E. (2005) cita a Milton Friedman, autor de las Teorías Monetaristas de la Economía y premio nobel de Economía por sus logros en el campo del análisis del consumo, historia y teoría monetaria y por su demostración de la complejidad de la política de estabilización, omitiendo totalmente la responsabilidad social.

Contrarrestando lo expuesto, él mismo, Fernández, E. (2005) analiza el concepto de RS con sus objetivos, instrumentos, políticas de promoción y estímulos, con una visión en pro de la economía social como un nuevo compromiso de todos.

Hay que pensar que la mentalidad de los directores de las empresas y sus deseos de aplicar RS, hará que la sumatoria de empleados logren a través del comportamiento organizacional desarrollado por la empresa, poder servir y ser útiles a la comunidad al igual que cumplir con los compromisos prioritarios que el trabajo demanda y con mayor entusiasmo y unión.

Se trata de lograr un equilibrio entre las demandas y metas establecidas de las organizaciones y la responsabilidad social colectiva que a la larga también beneficia a la empresa (Hernández et al., 2006).

Por su parte, Pérez, M. (2009), presenta los resultados de una investigación pionera en México tomando 25 empresas prominentes de este país enfatizando la importancia de la comunicación en la responsabilidad social corporativa (RSC), considerando las prácticas más comunes, áreas más atendidas y desatendidas, programas, miembros participantes y otros, sin dejar de recordar que la responsabilidad social se realiza dentro y fuera de la empresa.

Hay que señalar que, por parte de las empresas, debe haber un concepto e interés genuino de RSE y no simplemente una creación de imagen como parte de las estrategias de promoción y mercadotecnia (Briceño, A. et al., 2011).

Sánchez, M. D. (2011), induce a generar un valor estratégico a la RS de manera que esté incluida y en conformidad con la estrategia que puede ser utilizada en pro de un cambio de la empresa, y afirma que es una de las apuestas actuales con perspectivas de sustentabilidad en el futuro empresarial. A la vez, Gallardo, D. y Sánchez I. (2013), demuestran la relación que las microempresas tienen con la competitividad al aplicar la RS, y crean una escala o patrón para medir el cambio en pro de un desempeño más responsable.

De hecho, se pueden crear modelos de gestión independientes con estrategias y mecanismos de certificación autónoma, para poder autorregularse y autoevaluarse (Chávez, C. & Patraca, V., 2011). De allí que vale la pena mencionar cómo actualmente existen normas y certificados que se otorgan a las empresas por involucrarse en acciones de carácter social y no solo de carácter económico, como ha sido la regla y criterio en general.

Un ejemplo es la norma ISO 26000-2010, publicada en el 2010 y revisada en el 2014, que está dedicada al tema de responsabilidad social, como una guía de orientación y conocimiento para las empresas y corporaciones. Según esta norma, la responsabilidad social de una organización viene dada por el impacto de sus decisiones y las actividades que afectan positivamente a la sociedad y al medio ambiente, y que pueden lograrse a través de un comportamiento transparente y ético. Así es como,

- Contribuye al desarrollo sostenible, incluyendo la salud y el bienestar de la sociedad.
- Toma en cuenta las expectativas y acciones de todos los interesados e involucrados en la organización, a todo nivel, dentro y fuera de la misma.
- Se integra de forma coherente toda la organización en la práctica de sus soluciones e interrelaciones.
- Cumple y está de acuerdo con las leyes aplicables y en consonancia con las normas internacionales de comportamiento individual, empresarial y social.

Al hablar de las empresas y corporaciones del mejoramiento de la calidad, aparece según las normas ISO, lo que se llama una tríada concluyente y necesaria de calidad formada por:

- La parte social (ISO 26000)
- La parte gerencial o de dirección (ISO 9000/9001)
- La parte de medio ambiente (ISO 14001)

No obstante, no se trata solo de seguir ciertas normas, sino de observar y escuchar los resultados de numerosos investigadores que coinciden en la necesidad y beneficio que otorga a las empresas el hecho de aplicar la RSE, lo cual en muchos casos repercute en un incremento de productividad y rentabilidad.

El hecho de que haya una mayor transparencia y confianza por todas las partes involucradas en la empresa, tales como empleados, empleadores, accionistas, clientes, proveedores, distribuidores, comunidades y otros más de carácter externo, tiende a generar una sinergia de logro común y de mayor solidaridad y cooperativismo.

Se podría decir que a mayor responsabilidad social, las posibilidades de un mayor desarrollo sustentable se incrementan de manera considerable.

Se trata entonces, de poder transmitir y motivar a los empleados y directivos de cualquier organización, una concepción y comprensión del significado de la responsabilidad social como compromiso que se debe asumir, e integrar a una cultura empresarial que vaya más allá del solo sentido de lucro (Briceño, Mejías y Moreno, 2010).

Una parte esencial de RSE, es comenzar desde los niveles más primarios de educación y consolidarlos en las universidades, para que los nuevos profesionales ya tengan dichas experiencias e interés (Rojas, L. R. & Solari, E., 2012; Villegas, L. C. & Giraldo, L., 2008).

Esta síntesis literaria, refuerza perspectiva de que la Responsabilidad Social, es una consecuencia de un desarrollo integral enraizado en los valores éticos que inducen al ser humano a mejorarse y ayudar a mejorar a los demás.

III. METODOLOGÍA Y ANÁLISIS DE DATOS

En esta investigación, se ha aplicado un cuestionario con preguntas abiertas y cerradas a profesionistas que laboran en el área (Estado) de Baja California, México. Las respuestas respectivas, han creado diversas categorizaciones que serán útiles para conocer, enseñar y canalizar la Responsabilidad social de manera más efectiva en las dimensiones asumidas de empresa, familia y sociedad.

Se incluyen también en el cuestionario variables sociodemográficas como son el género, edad, nacionalidad, profesión y nivel de estudios. Las preguntas del cuestionario, se han tomado como la guía para la obtención y análisis de datos. La muestra definitiva, estuvo formada por 268 participantes.

El estudio es de tipo descriptivo y transversal denominado también transseccional. Se combinan de forma mixta, el análisis cuantitativo y el cualitativo.

El instrumento fue elaborado por el autor con el fin de encontrar respuestas a diferentes preguntas relacionadas y vinculadas con la Responsabilidad Social y resulta similar con sus respectivas adaptaciones al instrumento utilizado en Mercader (2012 y 2015) siguiendo una secuencia de investigaciones que el autor realiza.

IV. ANÁLISIS DE DATOS

1. La primera pregunta es respecto al sexo o género , y los resultados se muestran en la Tabla 1. La participación del género masculino, es mayor que la femenina pero por solo tres personas sobre 268 personas de la muestra, lo cual se interpreta como muy nivelada en este estudio. La diferencia fue de 1.12%.

Tabla 1. Sexo o género de los participantes.

Género - Sexo	N° de respuestas	Porcentaje (%) de espuestas
Mujeres	132	49.2537
Hombres	135	50.3731
Sin contestar	1	0.3732
Total	268	100

Fuente: Elaboración propia

2. Se constituyeron intervalos de 5 años para identificar la edad, los cuales mostraron que los profesionales participantes en el rango de 26 a 30 años eran los que más se repetían (78), de los cuales 47 eran mujeres y, 31 eran hombres. La gran mayoría, un 58.65% eran

profesionales bastante jóvenes ya que sus edades oscilaban entre 20 y 35 años. Ninguno de los participantes pasó de los 60 años.

Tabla 2. Edad de los participantes por rangos de edades y género o sexo.

Edad Mujeres	N° de Respuestas	(%) Porcentaje	Edad Hombres	N° de respuestas	(%) Porcentaje	N° Total respuestas	(%) Total Porcentaje
20 - 25	20	15.15	20 - 25	13	9.70	33	12.41
26 - 30	47	35.61	26 - 30	31	23.13	78	29.32
31- 35	21	15.91	31- 35	24	17.91	45	16.92
36 - 40	17	12.88	36 - 40	16	11.94	33	12.41
41 - 45	9	6.82	41 - 45	22	16.42	31	11.65
46 - 50	8	6.06	46 - 50	14	10.45	22	8.27
51 - 55	5	3.79	51 - 55	10	7.46	15	5.64
56 - 60	5	3.79	56 - 60	4	2.99	9	3.38
Total	132	100.00	Total	134	100.00	266	100.00
NOTA :	Dos(2) no	respondieron					

Fuente: Elaboración propia

3. En relación a la nacionalidad, la gran mayoría son mexicanos tanto en hombres como mujeres. En la muestra total, solo hay seis estadounidenses, un colombiano y dos binacionales (americano-mexicano) y hubo un participante que no contestó.

Tabla 3. Nacionalidad.

Mujeres	No. de respuestas	Hombres	N° de respuestas
Mexicana	128	Mexicana	129
Estadounidense	3	Estadounidense	3
Colombiana	1	Binacional	2
Total	132		134

Fuente: Elaboración propia

4. Se analizó el nivel de estudios de los participantes. El requisito exigido era que tuviesen un grado o nivel académico de profesional. El porcentaje mayor, fue de profesionales sin maestría o doctorado que representó un 74.15% del total de participantes.

Tabla 4. Nivel de estudios.

Nivel de Estudios Mujeres	N° de Respuestas	Nivel de Estudios Hombres	No. de Respuestas
Grado Profesional	101	Grado Profesional	97
Maestría	30	Maestría	32
Doctorado	1	Doctorado	5
Total	132	Total	135

Fuente: Elaboración propia

5. Se obtuvo en la data también la profesión de los participantes de la muestra .Se observó que la mayoría eran ingenieros, en especial en los hombres (70) que sumaron con las mujeres un total de 99, con un porcentaje total del 37.5%. También en Administración, se obtuvo un número significativo de 32 participantes que en porcentaje representan un 12.12%. Hay que aclarar que en el área de Negocios se dividieron en administradores, contadores, de mercadotecnia y de negocios internacionales; si se hubieran unido, tendríamos 86 participantes con estas profesiones que proporcionarían un porcentaje de 36.75%, casi igual al número de ingenieros. En la tabla siguiente se puede apreciar con detalle los números y profesiones e incluso por género.

Tabla 5. Profesión

Profesión de Mujeres	No. de Respuestas	Profesión de Hombres	No. de Respuestas
Ingeniería	29	Ingeniería	70
Administración	22	Contabilidad	13
Contabilidad	14	Administración	10
Negocios Internacionales	11	Otros	8
Docencia	9	Negocios Internacionales	7
Comunicación	7	No aplica	5
Medicina	7	Arquitectura	4
Mercadotecnia	7	Medicina	4
Otros	6	Derecho	3
Psicología	6	Psicología	3

Informática	4	Comunicación	2
No aplica	4	Docencia	2
Arquitectura	3	Mercadotecnia	2
Derecho	2		
Total	131	Total	133
Sin contestar	1	Sin contestar	2

Fuente: Elaboración propia

6. **La pregunta a analizar que se presenta es la siguiente:** *¿Qué tan necesaria es la Responsabilidad Social en las empresas, familia y sociedad?* La respuesta evidenció que los porcentajes de "muy necesario" y "bastante" fueron muy significativos tanto en la empresa, la familia y en la sociedad (Tabla 6).

Es importante señalar que el "muy necesario" fue, en promedio de las tres dimensiones, de un 78.53 %; si se le adiciona el "bastante" de 18.73%, nos resulta un total entre ambos del 97.25%.

Este porcentaje tan elevado implica que la necesidad de la Responsabilidad Social es muy eminente y sustancial en las tres dimensiones analizadas en el estudio, de modo tal que tiene sentido realizar una investigación como la presente y motiva a este tipo de estudios en sus muy diferentes formas y aspectos que pueden ser de interés común.

Tabla 6. Necesidad de la Responsabilidad Social en las empresas

Necesidad Responsabilidad Social	No. de respuesta empresas	(%) Empresas	N° de respuestas Familia	(%) Familia	N° de respuestas Sociedad	(%) Sociedad	(%) Total Promedio
Muy necesario	202	75.66	211	79.03	216	80.90	78.53
Bastante	59	22.10	49	18.35	42	15.73	18.73
Más o menos	4	1.50	4	1.50	8	3.00	2.00
Algo	2	0.75	3	1.12	1	0.37	0.75
Total	267	100.00	267	100.00	267	100.00	100.00
Sin contestar	1		1		1		

Fuente: Elaboración propia

7. La pregunta fundamental de esta investigación, se refiere a que siendo tan necesaria la responsabilidad social en las tres dimensiones, por qué no siempre se aplica o funciona. De allí la pregunta ¿Por qué consideras que no hay una adecuada y/o efectiva Responsabilidad Social *en las empresas, familia y sociedad?*

Las categorizaciones que se dedujeron al analizar las diferentes respuestas de cada participante, se agruparon por categorías según el grado de similitud.-

Respecto de Responsabilidad Social en:

A. Las Empresas. (Ver Tabla 7a y Gráfico 1a).

Las categorías Desinterés, Educación y formación deficiente y Falta de Valores, fueron las más relevantes y entre las tres; suman un porcentaje del total de categorías del 60%. Si se le adiciona la de Intereses empresariales se llega al 75.09%, lo que implica que cuatro categorías del total de diez, tienen una primacía de ¾ partes del total de las categorías.

B. Las Familias. (Ver Tabla 7b y Gráfico 1b).

Las mismas categorías que en empresas pero en orden diferente, fueron las prioritarias para el ítem familia, a saber, Educación y formación deficiente, Falta de Valores y Desinterés, las cuales sumaron entre las tres un porcentaje del total de categorías del 70.77%. Si se le adiciona la de Intereses Familiares - Problemas familiares; se llega al 80%, lo que implica que cuatro categorías del total de diez tienen una primacía del 80 % de las categorías.

C. La Sociedad. (Ver Tabla 7c y Gráfico 1c).

En la sociedad, el orden de prioridad de las categorías es el mismo que en las empresas, Desinterés e Indiferencia, la Educación y formación deficiente, y la Falta de Valores que suman un total del 71.04%.Si se le adiciona la de Falta de iniciativa, se alcanza un 82.15%; lo que implica que cuatro categorías del total de diez, tienen una primacía de más del 80% de las categorías, cifra muy significativa para reflexionar.

Tabla 7a. Causas de una NO Adecuada y/o Efectiva
Responsabilidad Social en las empresas.

Causas de la Falta de Responsabilidad Social en Empresas	No. de Respuestas	(%) Porcentaje
Desinterés	54	20.38
Educación y formación deficiente	53	20.00
Falta de valores	52	19.62
Intereses empresariales	40	15.09
Falta de administración - Liderazgo	21	7.92
Falta de cultura	17	6.42
Falta de comunicación	11	4.15
Escasez de normas	8	3.02
Falta de capacitación	7	2.64
No aplica	2	0.75
Total de respuestas	265	100.00
Sin contestar	3	

Fuente : Elaboración propia

Gráfico 1a. Causas de una NO Adecuada y/o Efectiva
Responsabilidad Social en las empresas.

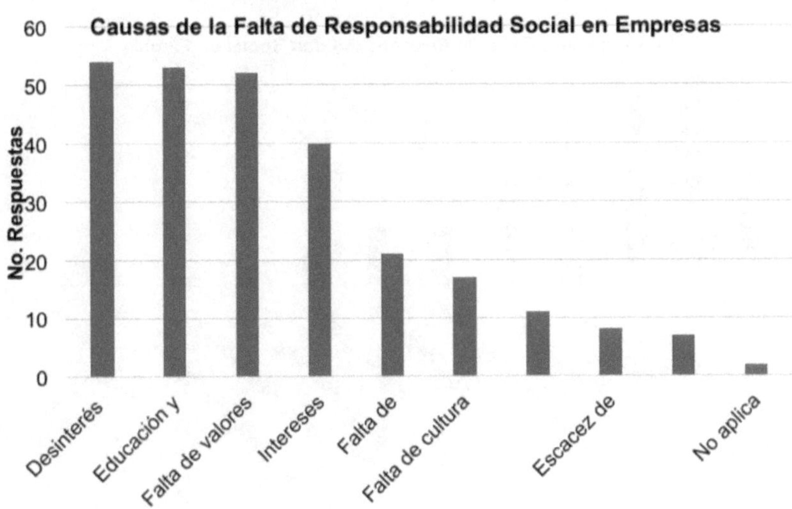

Fuente : Elaboración propia

Tabla 7b. Causas de una NO Adecuada y/o Efectiva
Responsabilidad Social en las familias.

Causas de la Falta de Responsabilidad Social en Familia	No. de Respuestas	(%) Porcentaje
Educación y formación deficiente	74	28.46
Falta de valores	69	26.54
Desinterés	41	15.77
Intereses familiares - Problemas familiares	24	9.23
Falta de cultura	23	8.85
Falta de iniciativa	13	5.00
Falta de comunicación	8	3.08
Falta de capacitación	4	1.54
Respuestas que dijeron si hay	2	0.77
No aplica	2	0.77
Total de respuestas	260	100.00
Sin contestar	8	

Fuente: Elaboración propia

Gráfico 1b. Causas de una NO Adecuada y/o
Efectiva Responsabilidad Social en las familias.

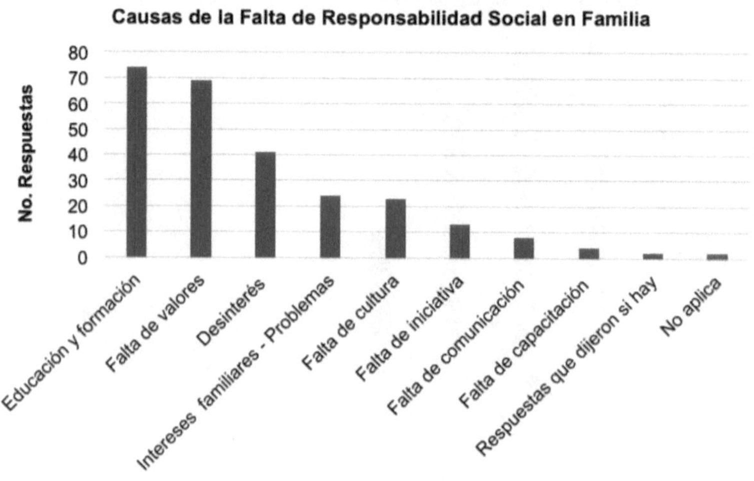

Fuente: Elaboración propia

Tabla 7c. Causas de una NO Adecuada y/o
Efectiva Responsabilidad Social en la sociedad.

Causas de la Falta de Responsabilidad Social en Sociedad	No. de Respuesta	(%) Porcentaje
Desinterés - Indiferencia	74	29.37
Educación y formación deficiente	55	21.83
Falta de valores	50	19.84
Falta de iniciativa	28	11.11
Escasez de normas	17	6.75
Falta de cultura	14	5.56
No aplica	8	3.17
Falta de comunicación	6	2.38
Total de respuestas	252	100.00
Sin contestar	16	

Fuente: Elaboración propia

Gráfico 1c. Causas de una NO Adecuada y/o
Efectiva Responsabilidad Social en la Sociedad.

Causas de la Falta de Responsabilidad Social en Sociedad

Fuente: Elaboración propia

Importante resulta ser que en las tres dimensiones, empresas, familias y sociedad, las categorías obtenidas resultaron ser bastante similares y en especial las prioritarias, lo que implica que las causas son relativamente similares en todas las dimensiones.

8. Si hemos obtenido respuestas al porqué no funciona adecuada o efectivamente la RSE, es el momento de averiguar qué soluciones propone el segmento de profesionales.

La pregunta fue: *¿Indique tres factores principales o maneras que podrías sugerir, para mejorar la Responsabilidad Social en las empresas, familias y sociedad?*

Las respuestas ordenadas por categorizaciones aplicable a la Responsabilidad Social fueron::

A. Las Empresas. (Ver Tabla 8a y Gráfico 2ª).

Las categorías Creación de Programas, Valores, e Integración-Motivación, fueron las más relevantes y entre las tres suman un porcentaje del total de categorías del 62.25%. Hay que mencionar que la Educación y formación junto con la Iniciativa-Liderazgo y con las Normas, cada una con aproximadamente más de 7%, alcanzan un 21.98%. Al sumar estas categorías con las tres anteriores, el valor final llega a un 84.23%.

B. Las Familias. (Ver Tabla 8b y Gráfico 2b).

Al analizar las respuestas y determinar las categorías en las familias, el orden de las mismas cambia y emergen algunas nuevas categorías como la Participación, que junto con Educación y Formación como prioritaria y; Valores como segunda elección, suman 56.09%. Al adicionarle la Integración-Motivación, se alcanza un 66.96%.

C. La Sociedad. (Ver Tabla 8c y Gráfico 2c).

En la sociedad, las tres primeras categorías son similares a las de las familias aunque en diferente orden de prioridad, considerando los Valores en primer lugar seguido por la Participación, y la Educación y Formación generando un impacto del 48.69%. Al adicionarle como cuarta prioridad una categoría nueva, Conciencia, la cual solo aparece en esta dimensión de Sociedad; se llega a un 59.12%.

Al analizar las soluciones o mejoras a aplicar en la Responsabilidad Social como un todo, se aprecia que los Valores son la categoría fundamental común a las tres dimensiones y, que la Educación y formación al igual que la Participación, son prioritarias en la sociedad y familias; mientras que la Formación de Programas, es lo principal en las empresas con un margen muy significativo de 14.11%.

Después de observar las Tablas 8a, b y c, y los gráficos 2a, b y c, se aprecian a continuación las Tablas 9 y 10 con sus respectivos gráficos N°3 y N°4, que condensan las categorizaciones de las tres dimensiones como un total para el análisis de sus diferencias y similitudes.

Tabla 8a. Soluciones o mejoras de la Responsabilidad Social en las empresas.

Mejoras en Responsabilidad Social en Empresas	No. De Respuestas	(%) Porcentaje
Creación de Programas	76	31.54
Valores	42	17.43
Integración - Motivación	32	13.28
Educación y Formación	19	7.88
Iniciativa - Liderazgo	17	7.05
Normas	17	7.05
Capacitación	14	5.81
Interés	13	5.39
Comunicación	7	2.90
Cultura	2	0.83
No aplica	2	0.83
Total de respuestas	241	100.00
Sin contestar	27	

Fuente: Elaboración propia

Gráfico 2a. Soluciones o mejoras de la Responsabilidad Social en las empresas

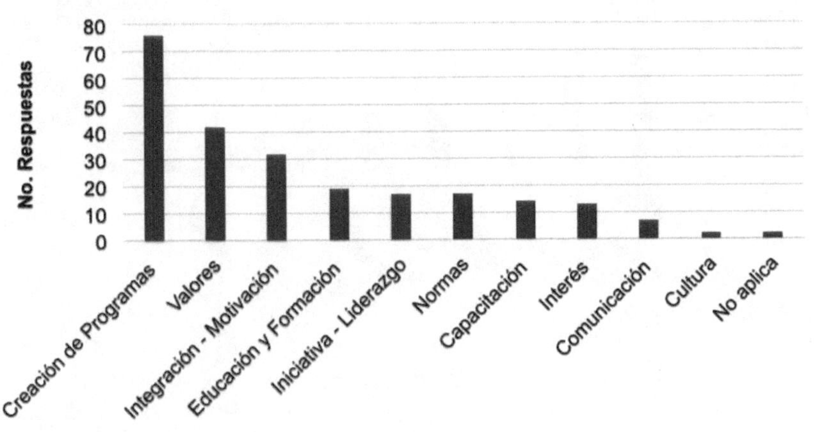

Fuente: Elaboración propia

Tabla 8b. Soluciones o mejoras de la Responsabilidad Social en las familias.

Mejoras en Responsabilidad Social en Familia	No. De Respuestas	(%) Porcentaje
Educación y Formación	48	20.87
Valores	42	18.26
Participación	39	16.96
Integración - Motivación	25	10.87
Iniciativa	20	8.70
Altruismo	19	8.26
Capacitación	17	7.39
Creación de Programas	8	3.48
Comunicación	4	1.74
Cultura	4	1.74
No aplica	4	1.74
Total de respuestas	230	100.00
Sin contestar	38	

Fuente: Elaboración propia

Gráfico 2b. Soluciones o mejoras de la Responsabilidad Social en las familias.

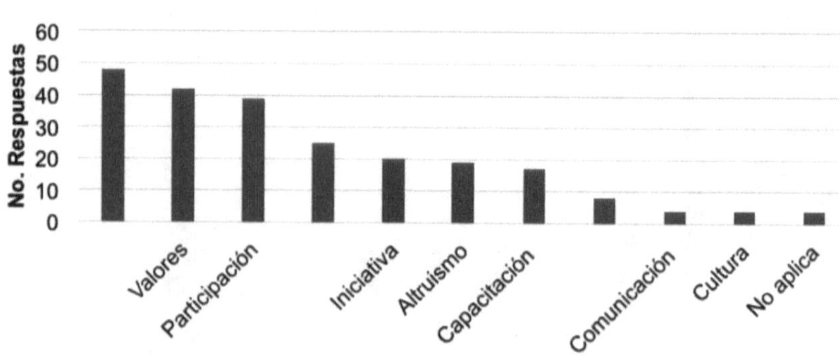

Fuente : Elaboración propia

Tabla 8c. Soluciones o mejoras de la Responsabilidad Social en la sociedad.

Mejoras en Responsabilidad Social en Sociedad	No. De Respuestas	(%) Porcentaje
Valores	42	18.26
Participación	36	15.65
Educación y Formación	34	14.78
Consciencia	24	10.43
Creación de Programas	19	8.26
Comunicación	12	5.22
No aplica	12	5.22
Normas	10	4.35
Integración - Motivación	10	4.35
Altruismo	8	3.48
Iniciativa	7	3.04
Cultura	6	2.61
Capacitación	5	2.17
Interés	5	2.17
Total de respuestas	230	100.00
Sin contestar	38	

Fuente : Elaboración propia

Gráfico 2c. Soluciones o mejoras de la Responsabilidad Social en la sociedad.

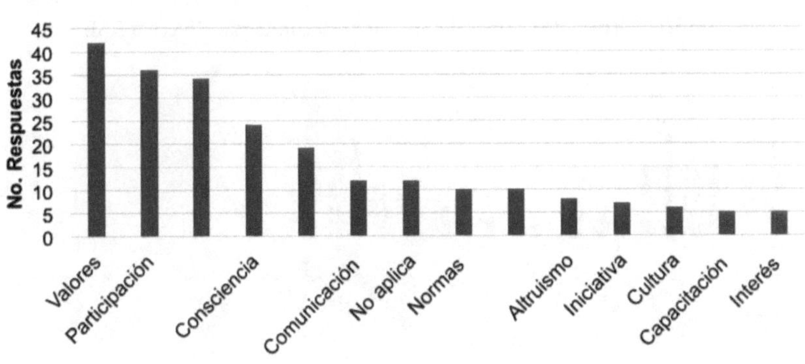

Fuente: Elaboración propia

Tabla 9. Total de Causas de una NO Adecuada y/o
Efectiva Responsabilidad Social.

Causas de la Falta de Responsabilidad Social	Empresa	(%)	Familia	(%)	Sociedad	(%)	Total	(%)
Desinterés	54	20.38	41	15.77	74	29.37	169	21.75
Educación y formación deficiente	53	20.00	74	28.46	55	21.83	182	23.42
Escasez de normas	8	3.02	0	0.00	17	6.75	25	3.22
Falta de administración - Liderazgo	21	7.92	0	0.00	0	0.00	21	2.70
Falta de capacitación	7	2.64	4	1.54	0	0.00	11	1.42
Falta de comunicación	11	4.15	8	3.08	6	2.38	25	3.22
Falta de cultura	17	6.42	23	8.85	14	5.56	54	6.95
Falta de iniciativa	0	0.00	13	5.00	28	11.11	41	5.28
Falta de valores	52	19.62	69	26.54	50	19.84	171	22.01
Intereses empresariales	40	15.09	0	0.00	0	0.00	40	5.15
Intereses familiares - Problemas familiares	0	0.00	24	9.23	0	0.00	24	3.09
Respuesta si hay RS	0	0.00	2	0.77	0	0.00	2	0.26
No aplica	2	0.75	2	0.77	8	3.17	12	1.54
Total de respuestas	265	100.00	260	100.00	252	100.00	777	100.00
Sin contestar	3		8		16			

Fuente: Elaboración propia

Gráfico 3. Total de Causas de una NO Adecuada y/o Efectiva RSE

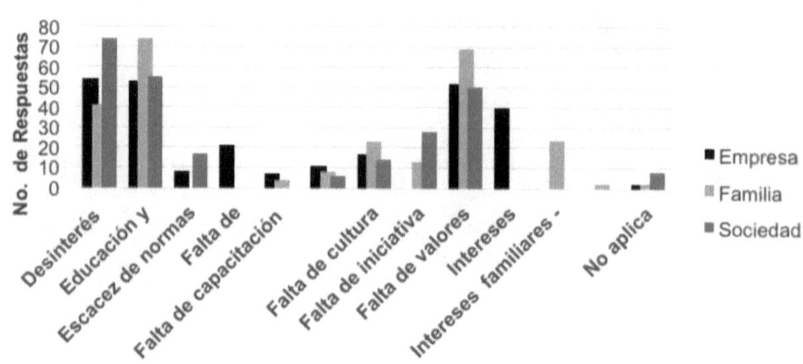

Fuente: Elaboración propia

116

Tabla 10. Total de Soluciones o mejoras aplicables a la Responsabilidad Social.

Mejoras en Responsabilidad Social	Empresa	(%)	Familia	(%)	Sociedad	(%)	Total	(%)
Altruismo	0	0.00	19	8.26	8	3.48	27	3.9
Capacitación	14	5.81	17	7.39	5	2.17	36	5.1
Comunicación	7	2.90	4	1.74	12	5.22	23	3.3
Consciencia	0	0.00	0	0.00	24	10.43	24	3.4
Creación de Programas	76	31.54	8	3.48	19	8.26	103	14.7
Cultura	2	0.83	4	1.74	6	2.61	12	1.7
Educación y Formación	19	7.88	48	20.87	34	14.78	101	14.4
Iniciativa - Liderazgo	17	7.05	20	8.70	7	3.04	44	6.3
Integración - Motivación	32	13.28	25	10.87	10	4.35	67	9.6
Interés	13	5.39	0	0.00	5	2.17	18	2.6
Normas	17	7.05	0	0.00	10	4.35	27	3.9
Participación	0	0.00	39	16.96	36	15.65	75	10.7
Valores	42	17.43	42	18.26	42	18.26	126	18.0
No aplica	2	0.83	4	1.74	12	5.22	18	2.6
Total	241	100.00	230	100.00	230	100.00	701	100.0
Sin contestar	27		38		38			

Fuente: Elaboración propia

Gráfico 4. Total de Soluciones o mejoras aplicables a la Responsabilidad Social.

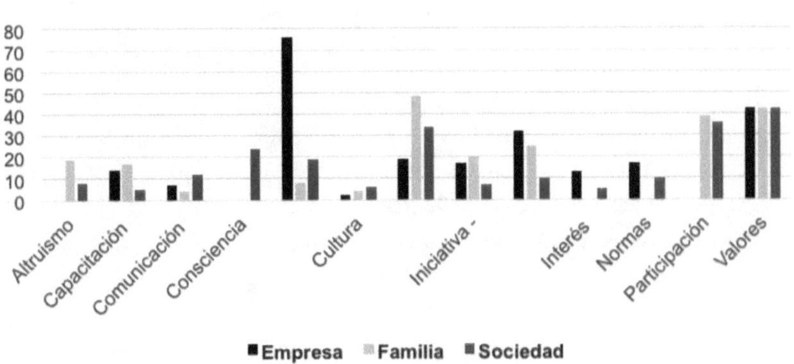

Fuente: Elaboración propia

V. CONCLUSIONES

La investigación estimula al análisis y reflexión de las respuestas obtenidas, producto del instrumento aplicado a la muestra más el soporte del marco teórico desarrollado. De allí se derivan una serie de categorizaciones, tanto para las causas como para las soluciones o mejoras. Se puede deducir que las conclusiones se pueden agrupar en dos categorías:

Conclusiones generales:

1. Las categorizaciones que se han creado, producto de los datos obtenidos, muestran y amplían un espectro de resultados y conocimientos que nos ayudan a identificar, analizar, conocer y reflexionar sobre la necesidad, las causas, soluciones factibles y formas efectivas para mejorar la Responsabilidad Social Empresarial (RSE).

2. El marco teórico asienta, soporta y resalta los conceptos, criterios y derivaciones de la Responsabilidad Social Empresarial y su relación con las categorizaciones logradas. A la vez, nos hace resaltar el gran cambio que se ha producido en especial en la última década, donde la RSE ha pasado a ser un área de preferencia de investigación de muchos académicos y de aplicación, de una u otra forma, por parte de las organizaciones y en especial de las corporativas; aunque en parte sea por la imagen positiva que les aporta.

3. La literatura revisada, contribuye y confirma la necesidad y utilidad de la aplicación de los valores éticos en la RSE y en el liderazgo a nivel empresarial, familiar y social, que es el que decide interesarse y aplicar o no, la Responsabilidad Social de muy distintas maneras y con diferentes enfoques (Ferrer, J., 2010; Freeman, G.T., 2011; Joseph, C. y Sailakshmi, S., 2011; Rodriguez, A. & Aguilera, J.C., 2005).

Conclusiones específicas:

1. Los valores éticos, son necesarios y fundamentales en la aplicación de la responsabilidad social empresarial; de manera significativa en las tres dimensiones, e independientemente del sexo y edad; tanto como causa, solución o acción correctiva. Como causa, los valores son la segunda categorización muy cercana a la primera, Educación y formación deficiente (23.42% versus 22.01% de valores) y la primera categorización como solución.

2. Los porcentajes obtenidos al sumar las respuestas referentes a la necesidad de la Responsabilidad Social Empresarial, fueron muy elevados. Al sumar "muy necesario" y "bastante" se obtuvo el 97.25% como promedio de las tres dimensiones analizadas, empresas, familias y sociedad, lo cual implica que los estudios sobre Responsabilidad Social son necesarios y factiblemente provechosos y aplicables a las empresas u organizaciones al igual que a las familias y a la sociedad.

3. Hay tres categorías que aplican a las tres dimensiones en las causas por las que no funciona adecuada o efectivamente la RS, las cuales logran porcentajes altos muy representativos (entre el 15% y casi el 30%). Se citan a continuación, Educación y formación deficiente con un promedio de las tres dimensiones de 23.42%; falta de Valores con 22.01% y desinterés con 21.75%. Al sumar estos tres promedios se alcanza un 67.18%, lo que quiere decir que tres categorizaciones tienen las 2/3 partes de la relevancia o prioridad de las categorizaciones en la RS.

4. Hay tres categorías que aplican a las tres dimensiones en las soluciones o mejoras aplicables a la RS y que logran porcentajes altos y representativos (entre el 13% y algo más que el 30%). Se citan a continuación estas categorizaciones, Valores con un promedio de las tres dimensiones de 18%; Creación de Programas con 14.7% y Educación y formación con 14.4%. Al sumar estos tres promedios se alcanza un 41.1%. Si le añadimos una cuarta categorización, Participación, que solo está presente en familias y sociedad de forma preponderante con 16.96% y 15.65% respectivamente, aun cuando no existe como categorización en empresas, el promedio total da 10.7%. De allí que si se sumara esta cantidad al 41.1 % mostrado anteriormente tendríamos un

57.8% de total de las cuatro categorizaciones prioritarias, y se podría decir que cuatro categorizaciones tienen cerca del 60% de la prioridad de las categorizaciones en la RS.

5. Si nos referimos a mejoras y soluciones en RS a nivel de empresas, se deben estimular e implementar más programas de Responsabilidad Social en todo tipo de organización.

6. Como conclusión final y alerta de supervivencia global, si vivimos en una humanidad constituida por individuos y grupos que tienen carencias por ignorancia, circunstancias ajenas a ellos, o por otras múltiples razones factibles, podemos deducir que hay un clamor a todo nivel de aplicación de valores éticos que serán los motores de una mayor participación en acciones de Responsabilidad Social, las cuales aportarán, ayudarán y solucionarán en numerosos casos, el mejoramiento de las empresas, familias y sociedad logrando un mayor equilibrio, armonía y productividad que se verá reflejado en la humanidad.

> *"El ser humano responsable acepta el reto de solucionar*
> *Y es capaz de aportar lo mejor de sí en pro del prójimo*
> *para contribuir y cooperar*
> *Con una empresa, una familia y una sociedad*
> *de manera más productiva y feliz".*

RECOMENDACIONES

Las recomendaciones son múltiples, aunque de modo conciso las más importantes:

1. Este estudio, con el mismo instrumento de medición o bien, modificado y/o adaptado, podría ser aplicado a una gran diversidad de sectores de la sociedad, tipos diversos de familias, niveles económicos y culturales diferentes, empresas de diferentes ramos y estilos, instituciones gubernamentales, centros educativos, profesionales de todo tipo, miembros de distintas asociaciones, religiones y otros.

2. Podría ser aplicado también en otros países y culturas en pro de observar y analizar similitudes y diferencias.

3. En el sector educacional se considera de gran importancia

a nivel de profesores, personal administrativo, autoridades educativas y de estudiantes a fin de que se tome conciencia, con base científica procedente de investigación, de la necesidad e influencia de la Responsabilidad Social y su repercusión en el presente y futuro de los estudiantes y de la educación misma.

REFERENCIAS

Arredondo, F. G., Maldonado, V. C. & De la Garza, J. (2011). El consumidor ante la responsabilidad social corporativa. Actitudes según edad y género. *Cuadernos de Administración*, 24(43), 285-305.

Bañón-Gómis, A., Guillén-Parra, M. & Ramos-López, N. (2011). La Empresa Ética y Responsable. *Universia Business Review*, (30), 32-43.

Briceño, S., Mejías, I., y Moreno F. (2010). La comunicación corporativa y la responsabilidad social. *Daena: International Journal of Good Conscience*. 5 (1) 37-46.

Briceño, A., Lavín, J. & García Fernández, F. (2011). Análisis exploratorio de la responsabilidad social empresarial y su dicotomía en las actividades sociales y ambientales de la empresa. *Contaduría y Administración*, (233), 73-83.

Castaño, E. J. (2011). Comunicar la responsabilidad social, una opción de éxito empresarial poco explorada. *Revista Lasallista de Investigación*, 8(2), 173-186.

Chávez, C. & Patraca, V. (2011). El comercio justo y la responsabilidad social empresarial. Reflexiones desde los sistemas de certificación autónoma. *Argumentos*, 24(65), 229-259.

Chernev, A. & Blair, S. (2015). Doing Well by Doing Good: The Benevolent Halo of Corporate Social Responsibility. *Journal of Consumer Research*. 41, 1412-1425. DOI: 10.1086/680089.

Fernández, E. (2005). Reflexiones en torno a la Responsabilidad Social de las Empresas, sus políticas de promoción y la economía social. *CIRIEC-España, Revista de Economía Pública, Social y Cooperativa*, (53), 261-283.

Fernández, D. & Merino, A. (2005). ¿Existe disponibilidad a pagar por responsabilidad social corporativa? Percepción de los consumidores. *Universia Business Review*, (7), 38-53.

Ferrer, J. (2010). Eticidad en organizaciones humanas: reto en la construcción de un balance social de futuro. *Multiciencias*, 7 (3) 319-328.

Freeman, G.T. (2011). Spirituality and Servant Leadership: A Conceptual Model and Research Proposal. *Emerging Leadership Journeys*. 4 (1) 120-140.

Gallardo, D. y Sanchez I. (2013). Análisis de la incidencia de la Responsabilidad Social Empresarial en el éxito competitivo de las microempresas y el papel de la innovación. *Universia Business Review*. (14-31). ISSN: 1698-5117

Hernández, R., Silvestri, K. & Cobis, J. (2006). Ética y responsabilidad social en la formación gerencial. *Multiciencias*, 6(3), 215-219.

ISO 26000:2010 - *Guidance on social responsibility* (Última revisión 2014). *Recuperado en* http://www.iso.org/iso/catalogue_detail?csnumber=42546.

Joseph, C. y Sailakshmi, S. (2011). Spiritual intelligence at work. *The IUP journal of Soft skills*. 5 (4) 21-30.

León, F. (2008). La percepción de la responsabilidad social empresarial por parte del consumidor. *Visión Gerencial*, 7(1), 83-95.

Marín, L. & Ruíz, S. (2008). La evaluación de la empresa por el consumidor según sus acciones de RSC. *Cuadernos de Economía y Dirección de la Empresa*, (35), 91-112.

Mercader, V. (2012). *Influencia de la comunicación y de los valores éticos en la empresa, familia y sociedad*. ACACIA Ponencia en el *XVI Congreso Internacional de la Academia de Ciencias Administrativas A.C. ACACIA*. México

Mercader, V. (2015). *Trabajo en Equipo: Causas de desempeño y soluciones e influencia de los valores éticos. IBFR Ponencia en International Conference of The Institute for Business and Finance Research*. Las Vegas, EEUU.

Pérez, M. (2009). Responsabilidad social corporativa (RSC) y comunicación: la agenda de las grandes empresas mexicanas. *Signo y Pensamiento*, 28 (55), 201-217.

Rodriguez, A. & Aguilera, J.C. (2005). Persona ética y organización: Hacia un nuevo paradigma organizacional. *Cuadernos de Difusión*. 10 (18) 61-77.

Rojas, L. R. & Solari, E. (2012). Percepción sobre la responsabilidad social empresaria de estudiantes universitarios. *Negotium*, 7(21), 5-17.13. Ros-Diego, V. & Castelló-Martínez, A. (2012). La comunicación de la responsabilidad en los medios sociales. *Revista Latina de Comunicación Social*, (67), 1-21.

Ros-Diego, V. & Castelló-Martínez, A. (2012). La comunicación de la responsabilidad en los medios sociales. *Revista Latina de comunicación Social*. (67) 47-67

Sánchez, M. D. (2011). La responsabilidad social organizativa: stakeholders futuros directivos. *Revista Internacional Administración & Finanzas*, 4(4), 87-101.

Sundar, P. (2013). *Business and Community: The Story of Corporate Social Responsibility in India*. Sage Publications and Response Business Books. New Delhi.

Villegas, L. C. & Giraldo, L. (2008). La formación universitaria en responsabilidad social empresarial (RSE): un asunto de desarrollo. *Revista Virtual Universidad Católica del Norte*, (25).

Vélez, A.M. (2011). Un recorrido hacia la responsabilidad Social Corporativa. *Revista Ciencias Estratégicas*. 19 (25) 55-75.

Vohra, N. & Sheel, R. (2012). Corporate Social Responsibility: Practice Theory, and Challenges. Vikalpa: *The Journal for Decision Makers*. (37) 73-76.

III PARTE:
ESTRATEGIAS DE NEGOCIOS Y RESPONSABILIDAD SOCIAL EMPRESARIAL

Análisis de las variables asociadas al fenómeno del Emprendimiento y la RSE

MSc. Dennis Ruiz Almeida
Dr. Rafael Espinosa Mosqueda
Universidad de Guanajuato, México

Dr. C. José Ángel López Sánchez
Universidad de Extremadura, España

RESUMEN

El emprendimiento, entendido especialmente como creación de nuevas empresas, es un tema de creciente interés. En su contribución a la comprensión del fenómeno del emprendimiento y las variables más importantes que la integran, los académicos presentan una serie de planteamientos teóricos para explicar sus características más importantes. En este trabajo se presenta una exploración de los principales enfoques que intentan describir al emprendimiento, partiendo de una clasificación propuesta con base en la revisión de la literatura sobre el tema. Como conclusiones más importantes, se destacan que las variables más utilizadas a escala teórica son la innovación, propensión al riesgo, el contexto en que se enmarcan los emprendimientos, las aptitudes emprendedoras y la capacidad de aprovechar oportunidades. En menor medida, se considera la RSE. Los hallazgos tienen implicaciones para los empresarios ya que les permite comprobar la utilidad de dichas variables en el desarrollo y administración de sus pequeñas y medianas empresas.

I. INTRODUCCIÓN

El fenómeno de la formación de empresas ha sido una inquietud histórica del individuo, cuyo comportamiento psicosocial se orienta necesariamente al logro de la solvencia de sus necesidades más apremiantes, dentro de las que se encuentra la dimensión económica.

El término *entrepreneurship* (emprendedurismo o emprendimiento en español como derivación del término) proviene del francés *entrepreneur*, y se asocia a los individuos con una capacidad permanente de asumir riesgos en la creación de un proyecto, está relacionado íntimamente con las competencias y valores, precisa de un fuerte componente innovativo y cubre determinadas necesidades existentes en el entorno de origen fisiológico, conductual, económico, social, entre otras (Ketchen, 2007; Gómez – Villanueva, 2010b; Núñez-Ramírez, 2014; Brinks, 2015; Gezer, 2015).

La literatura especializada concuerda en que los primeros acercamientos formales al apartado se remontan al año 1755 a través del mercantilista Richard Castillón, quien fundamenta los cimientos de lo que llegaría a ser una teoría organizacional en pleno desarrollo (Chung y Gibbons, 1997; Miles &Covin, 2002; Schildt et al, 2005; McGrath et al, 2006; Dushnitsky & Lenox, 2006; Planellas, 2006; Teng, 2007; Bieto, 2007; Ratten, 2011; Sanchis-Palacio, 2015). En sus trabajos pioneros, acuña el término emprendedor como "aquel que compra a un precio determinado y vende a un precio incierto, asumiendo el riesgo de la operación". Comienza así la era del desarrollo conceptual de un fenómeno que ha sufrido variaciones estructurales en su concepción práctica y la contextualización a los diversos entornos, aunque teóricamente sigue una línea similar a sus orígenes.

El siguiente artículo, presenta un acercamiento teórico al desarrollo del emprendimiento desde la perspectiva académica de las variables que integran el fenómeno.

II. MARCO CONCEPTUAL

Un análisis detallado del componente conceptual del emprendimiento (Venkataraman, 2000; McMullen & Shepherd, 2006; Kai-Ping, 2014; Yeniyurt & Henke, 2014; Gezer, 2015) valida la inclusión de variables como la propensión al riesgo, la innovación permanente, los rasgos sicológicos propios (aptitudes emprendedoras), el contexto en que se desarrollen los emprendimientos, la capacidad de generación de valor y aprovechamiento óptimo de las oportunidades como ejes funcionales de la formación de empresas.

Gráfico 1. Variables más correlacionadas en el emprendimiento

Fuente: Elaboración propia.

El análisis visible en el gráfico 1, muestra las variables que según el criterio especializado de los expertos se asocian directamente al objeto de estudio.

Además, la realización de un análisis de correlación entre cada una de dichas variables, haciendo uso del paquete estadístico SPSS para ciencias sociales, permite establecer una serie de relaciones que caracterizan los emprendimientos de éxito. El anexo 1 presenta dichos resultados. El análisis presenta una significativa relación entre un conjunto de variables asociadas al fenómeno del emprendimiento; las cuales se detallan a continuación.

La innovación se relaciona directamente con la propensión al riesgo y la autonomía (con valores de 0.343 y 0.297) en ese orden de importancia, por lo que, considerando a la variable innovación como capacidad dinámica, son necesarias una adecuada propensión al riesgo y tener aptitudes autónomas innatas. La propensión al riesgo se relaciona directamente con la capacidad de adaptación al cambio del individuo, con una correlación de Pearson ascendente a 0,403. En este caso, la capacidad de adaptación al cambio tiene una influencia significativa en el nivel de riesgo que es capaz de asumir el emprendedor. La eficiencia empresarial tiene relación directa y positiva con la competitividad (P = 0.228), lo que confirma la idea de que a mayores niveles de competitividad se asocian mayores niveles de eficiencia empresarial de los emprendimientos.

Las aptitudes emprendedoras se relacionan directamente con los valores éticos y el grado de responsabilidad social que los emprendimientos sean capaces de sostener en el mercado, con valores en ambos casos de 0.224; aunque en este caso se presentan indicadores bajos pues las aptitudes emprendedoras son múltiples y de origen multicausal. La responsabilidad social empresarial tiene una relación absoluta con los valores éticos, lo que demuestra la necesidad de potenciar dicha arista en la gestión efectiva de los emprendimientos. Variables como la estrategia empresarial tiene efectos directos en las buenas prácticas de la organización, que a su vez se corresponde con la iniciativa empresarial y los productos y servicios comercializados. En este caso la relación es débil, por constituir la estrategia empresarial una variable multidimensional y con diversas aristas de aplicación en los emprendimientos, no influenciada únicamente por la iniciativa y los productos o servicios. La proactividad empresarial y el nivel de autonomía que sea capaz de alcanzar el emprendimiento poseen una relación latamente significativa, con una correlación de 0.516, instituyéndose como las dos más relacionadas del análisis. Esta última se relaciona directamente con la propensión al riesgo (P = 0.332). Por tanto, todo individuo emprendedor debe ser al unísono proactivo y contar con un alto grado de autonomía en la toma de decisiones; solo así podrá limitar el efecto negativo inherente a todo riesgo empresarial presente en los proyectos económicos.

Dicho análisis mostró que, en general, las variables más utilizadas por la bibliografía especializada para el emprendimiento, se corresponden con la innovación, una permanente propensión al riesgo, determinadas aptitudes que se ajustan al contexto socioeconómico en que se enclavan los emprendimientos y una capacidad continua de aprovechar oportunidades presentes en el mercado. Dichas variables se integran en el gráfico 1.

En general, la innovación en los emprendimientos se relaciona directamente con una eficiente propensión al riesgo (por cuanto no existe actividad empresarial carente completamente de esta figura) y a la adaptabilidad a los cambios sociales que se perciben en el entorno.

De igual forma, la eficiencia que se pueda alcanzar en este tipo de organizaciones se relaciona con la competitividad y ésta a su vez depende de aptitudes emprendedoras básicas. Las estrategias a desarrollar y las prácticas cotidianas que singularicen un emprendimiento de éxito dependen en primera instancia de dichas aptitudes. Este autor concuerda con el enfoque de que dichas características no son completamente innatas y tampoco adquiridas, o sea, se componen de ambas dimensiones.

Otras variables como la capacidad de generación de valor y el aprovechamiento óptimo de las oportunidades no se encuentran lo suficientemente estudiadas como para hacer conclusiones teóricas al respecto.

El análisis permite identificar brechas investigativas referidas al estudio de variables con escasa significación teórica pero relevantes a escala práctica como: la autonomía en la toma de decisiones, la eficiencia empresarial, los valores éticos y la responsabilidad social empresarial de este tipo de organizaciones.

El gráfico 2 presenta una red social asociada a cada una de las variables analizadas anteriormente. A criterio de los autores con-

Gráfico 2. Variables que aparecen asociadas al fenómeno del emprendimiento en la literatura especializada.

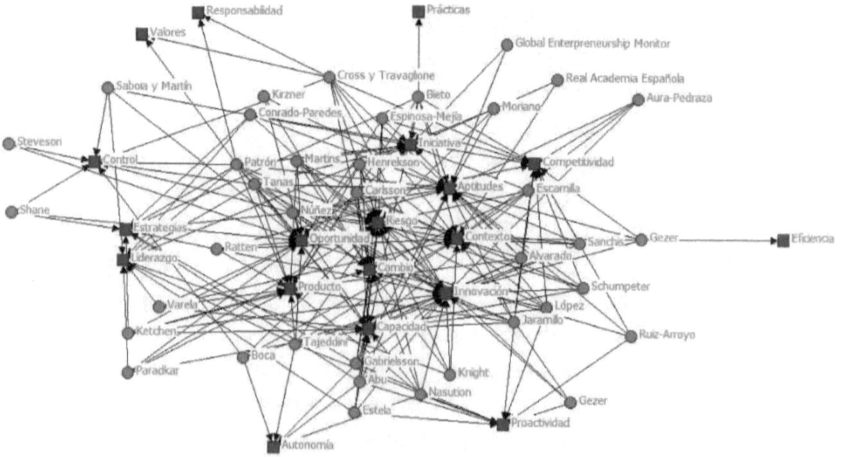

Fuente: Elaboración propia.

sultados, se valoran como altamente significativas las aptitudes emprendedoras, la propensión al riesgo empresarial, la capacidad de aprovechar oportunidades presentes en el entorno, el diseño de productos y servicios bajo un enfoque de innovación permanente.

Aunque no existe una teoría única para el tema, sino varias vertientes teóricas y multifuncionales; la personalidad o perfil del emprendedor (*enterpreneurial traits*) y su comportamiento (*entrepreneurship behavior*), constituyen las dos dimensiones más estudiadas en la literatura especializada, además de la económica como componente rector de la temática. Sin embargo, la variable organizacional no se encuentra favorecida científicamente como las anteriores, a pesar de que, para la empresa tradicional, esta constituye una directriz de análisis crítico. Además, se evidencia el impacto socioeconómico del tema en tres niveles diferentes (nivel individual, empresarial y global) aunque aún son escasas las teorías que contextualicen la relación del emprendimiento a escala macro. Según Ahlin (2014), se pueden distinguir cuatro grandes enfoques de análisis del emprendimiento:

a) La perspectiva económica, que explica la función empresarial y la creación de empresas sobre la base de la racionalidad económica.

b) La perspectiva psicológica, que trata de determinar quién es el empresario y cómo es.

c) La perspectiva sociocultural o institucional, que argumenta que la creación de empresas está condicionada por factores del entorno del emprendedor.

d) La perspectiva gerencial, que intenta proporcionar guías de acción y recomendaciones para el proceso de creación de empresas (Ahlin & Hisrich, 2014).

Esta apreciación muestra al emprendimiento como un fenómeno enriquecido desde la perspectiva empresarial, por lo que diversos investigadores incluyen al *corporate entrepreneurship* como la vertiente donde más se percibe el fenómeno del emprendimiento. Sin embargo, la literatura especializada concuerda en que el tema se desarrolla en todas las esferas sociales, culturales y tecnológicas del entorno.

Este artículo, coincide con las perspectivas de análisis estudiadas, aunque discrepa en la clasificación sociocultural o institucional por considerarla demasiada estrecha. La dimensión de mercado queda al margen de la misma y sería más coherente "perspectiva del entorno". Según este enfoque, el emprendimiento como concepción teórica busca analizar el marco de actuación de las empresas (por cuanto las organizaciones no lucrativas también desarrollan el tema, pero no forman parte del objeto de esta investigación) para buscar nuevas oportunidades de negocio que puedan ser transformadas en beneficio individual con impacto a escala social.

A partir de la revisión de la literatura especializada, se propone la siguiente definición conceptual del emprendimiento como tema empresarial:

Fenómeno social y de gestión por medio del cual individuos, grupos y asociaciones con aptitudes emprendedoras innatas o adquiridas, innovan continuamente en la consecución de productos comerciales y estrategias que permitan aprovechar oportunidades socioeconómicas en entornos cambiantes a partir de mejores prácticas empresariales; donde la propensión al riesgo y las capacidades organizacionales para generar valor agregado constituyen estímulos dinámicos en el crecimiento de la competitividad y el desempeño organizacional.

Tabla 1. Teorías del emprendimiento según escuelas y enfoques.

	Enfoques asociados al emprendimiento				Etapas de desarrollo del emprendimiento donde se estudia cada nivel según los diversos enfoques			
	Enfoque económico	Enfoque psicológico	Enfoque sociológico	Enfoque gerencial				
Nivel individual (aporte mayoritario de las perspectivas de pensamiento comportamental y psicológica o cognitiva)	(x) Beneficios maximizados	(x) Rasgos psicodinámicos de la personalidad	(x) Redes Marginación	(x) Procesos de creación de empresas	1970-1985	1985-1990	1990-2000	2000-hasta la fecha
					- Relaciones económicas y sociales mayormente estables (1er. período) - Inestabilidad y crisis estructural a escala macro (2do. período) - Sistematización de definiciones y el establecimiento de modelos explicativos adaptados a contextos de cambio significativos (3er. período)			
Los fisiócratas, economistas clásicos y políticos, complementaron los planteamientos relativos a la fuente de capital disponible para innovación económica y su relación con los entrepreneurs. El fundamento del valor está en la utilidad que los distintos bienes reporten a las personas. Representantes del pensamiento neoclásico: Cantillón, Turgot y Jean BaptisteSay (escuela francesa).								
La fisiocracia o teoría económica clásica asume el riesgo (Cantillon, Baudeau, Thunen, Bentham); el trabajador superior (Say y Smith); el hombre inteligente (Cantillon, Quesnay, Baudeau y Turgot), y el innovador (Smith, Bentham y Mangoldt). Para generalizar el tema del emprendimiento se asumieron dos características: una, donde el emprendedor es tomador de riesgo y persona demasiado inteligente (Cantillon, Thunen y Baudeau); y otra, en la cual el emprendedor toma decisiones con riesgo innovador y como trabajador innovador que hace la diferencia (Bentham y Smith).								

El nivel individual pondera la capacidad de individuo de enfrentarse al fenómeno de creación y desarrollo de empresas como agente de cambio social. Bajo este supuesto, el ser social es el responsable mayoritario de intervención socioeconómica. Funcionó adecuadamente durante la época de la sobreelevación de la demanda sobre la oferta, sin embargo, con la aparición de la economía de mercados los agentes externos (stakeholders) y las fuerzas externas juegan un papel decisivo en el éxito del entrepreneurship. Tiene un enfoque mayormente conductista.

El nivel individual no tiene un desarrollo dinámico a partir del año 2000, precisamente por la integración económica y el carácter multidimensional del emprendimiento en el contexto de las relaciones sociales.

Nivel empresarial (aporte mayoritario de las perspectivas de pensamiento económica y de procesos)	(x) Costes de transacción	Sin aporte en este nivel	(x) Redes Incubadora	(x) Corporate entrepreneurship				
					1970-1985	1985-1990	1990-2000	2000-hasta la fecha
					-Dependencia económica casi exclusiva de los modelos explicativos (1ro y 2do. períodos) - Adaptación al cambio e inclusión social de la figura del emprendedor desde dentro de la organización (3ro. y 4to. períodos)			

La escuela alemana enuncia los principios fundamentales de la teoría de la productividad marginal. El par dialéctico hombre empresario tiene como objetivo único maximizar los beneficios sobre la base de lo complicado del riesgo y el ingenio usado. Los principales representantes son J. H. Von Thunen, H. K. Von Mangoldt.

En este nivel, el enfoque psicológico es escaso, ponderando la capacidad económica de la empresa de crear riqueza de forma exponencial, incrementando las posibilidades de distribución de estas a escala social.

En esta corriente se percibe una marcada dependencia socioeconómica, por lo que las variaciones macroeconómicas globales o territoriales tienen un efecto directo sobre el éxito empresarial. El término riesgo es usado de forma precisa, por cuanto difícilmente exista actividad económica donde no se vea reflejada esta dimensión. Además, se relaciona directamente con el nivel de innovación utilizado para enfrentarlo con el mínimo de efectos adversos a escala organizacional.	El nivel empresarial es el que ha tenido un mayor avance investigativo, por cuanto aún el emprendimiento se concibe como un fenómeno de generación de valor para las organizaciones, con bajo impacto a escala social.

Nivel social (aporte mayoritario de las perspectivas de pensamiento económica y de procesos)	(x) Desarrollo económico Schumpeteriano	(x) Desarrollo empresarial-Kirzneriano	(x) Desarrollo económico de Weber / Ecología poblacional / Cambio social	Sin aporte en este nivel	1970-1985	1985-1990	1990-2000	2000 - hasta la fecha

Desarrollo del estudio del emprendimiento desde su concepción social, histórico – cultural y de generación de valor para las sociedades y los grupos (4to. período).

La escuela inglesa, con Adam Smith, manifestó inferencias indirectas sobre el papel del empresario en la economía, y reconoció la innovación como un sello de actividad profesional en el trabajador superior. La riqueza de las naciones procede de la división del trabajo, de su especialización basada en la moral práctica, profundizando a medida que se amplía la extensión de los mercados y por ende la especialización.

En este nivel, el hombre como ser social se inserta en un entorno socioeconómico donde los agentes externos favorecen o entorpecen la creación y desarrollo de empresas, fomentando un espíritu emprendedor aumentado. Las fuerzas del medio social (demografía, economía, sociocultura, tecnología, ambiente político y natural) influyen directamente en la gestión del emprendimiento como fenómeno organizacional.	El nivel social se ve favorecido por la mayor parte de los enfoques y autores, exceptuando los puramente economicistas. En el mismo se asocian figuras no representadas a escala social por considerarse no aptas para el desarrollo del emprendimiento, como las organizaciones no lucrativas, de gestión social y las agrupaciones individuales de colaboración.

Nuevas corrientes de estudio: Intra-emprendedurismo (fomento de las competencias emprendedoras innatas o adquiridas de los individuos para hacer efectiva la gestión de determinado proyecto organizacional). Emprendedurismo social (desarrollo del emprendimiento colaborativo en la creación de proyectos sociales no lucrativos con elevado impacto a escala social).

Fuente: Elaboración propia, basados en Bieto (2007)

La dispersión de enfoques, limita la integración efectiva de dichos componentes en el desarrollo exitoso del emprendimiento y fragmenta los resultados esperados a escala social. Aunque el perfil psicológico ha sido ampliamente estudiado (Ketchen, 2007; Patrón, 2014; Gabrielsson, 2014; Wang, 2015), no ha sido posible determinar un perfil único que caracterice al emprendedor de éxito, precisamente por constituir el emprendimiento un fenómeno social donde se integran diversas fuerzas del entorno. La mayor parte de ellas no pueden ser manejadas por el emprendedor y su influencia se relaciona directamente con los sistemas político-sociales y sus intereses económicos.

III. CONCLUSIONES Y RECOMENDACIONES

El análisis desarrollado permite afirmar que el fenómeno del entrepreneurship o formación de empresas es altamente valorado por la literatura especializada, aunque aún existen brechas investigativas que permiten abordar el fenómeno desde una perspectiva holística.

Los enfoques más utilizados para el estudio teórico del emprendimiento o formación de empresas son los enfoques sociológico, económico, psicológico y gerencial. Aunque, en general, los estudios de las cuatro perspectivas como un todo integrado son escasos y fragmentan los resultados esperados a escala social.

Actualmente, se encuentran en desarrollo dos nuevas corrientes, aunque sin el suficiente sostén teórico como para considerarlas consolidadas: el intra-emprendedurismo y el emprendimiento social.

Aunque se reconocen las visiones de diversos autores respecto a la temática, no se ha alcanzado un consenso sobre un perfil de emprendimiento de éxito único, precisamente por constituir este un fenómeno dinámico y multifactorial, asociado directamente a los contextos empresariales de cada país o región.

El análisis estadístico permite definir como variables mejor relacionadas con los emprendimientos de éxito la innovación, una permanente propensión al riesgo, determinadas aptitudes que se ajustan al contexto socioeconómico en que se enclavan los emprendimientos y una capacidad continua de aprovechar oportunidades presentes en el mercado.

El análisis permite identificar brechas investigativas referidas al estudio de variables con escasa significación teórica, pero relevantes a escala práctica como: la autonomía en la toma de decisiones, la eficiencia empresarial, los valores éticos y la responsabilidad social empresarial de este tipo de organizaciones.

Se recomienda continuar estudiando el fenómeno del emprendimiento desde la perspectiva de la integración de sus enfoques más aceptados, lo que permitirá disminuir la actual tendencia a analizar el fenómeno desde cada una de sus partes y no desde la visión holística y sistémica.

REFERENCIAS

Abu Bakar, H., Mahmood, R., & HasimahNik Ismail, N. (2015). Fostering Small and Medium Enterprises through Entrepreneurial Orientation and Strategic Improvisation. *Mediterranean Journal of Social Sciences MCSER Publishing, Rome-Italy 6(4)*.

Alvarado-Muñoz, O., & Rivera-Martínez, W. (2011).Universidad y emprendimiento, aportes para la formación de profesionales emprendedores. *Cuadernos de Administración (Universidad del Valle), 27 (45)*.

Ahlin, B. & Hisrich, R. (2014). Entrepreneurs´ creativity and firm innovation: the moderating role of entrepreneurial self-efficacy. *Small Business Economic 42 (1), 101-117*.

Bhardwaj, B., & Momaya, S. (2007). Corporate Entrepreneurship: Application of Moderator Method. *Singapore Management Review, 29(1), 47-58*.

Bieto-Caubet, E. (2007). *Aproximación al corporate entrepreneurship en España. Tipologías y relación con los resultados empresariales.* Unpublished Tesis doctoral ESADE (Escuela Superior de Administración y Dirección de Empresas), Barcelona.

Brinks, V. & Ibert, O. (2015). Mushrooming entrepreneurship: The dynamic geography of enthusiast-driven innovation. *Revista Geoforum 65, 363–373*.

Bruton, G., & Ketchen, D. (2013). Entrepreneurship as a solution to poverty. *Journal of Business Venturing 28(1), 683-689*.

Burgelman, R (1984). Designs for Corporate Entrepreneurship in Established Firms. *California Management Review, 26(3), 154-166*.

Carlos-Ornelas, C., Contreras-González, L., & Silva-Olvera, M.

(2015). El Espíritu Emprendedor y un Factor que Influencia su Desarrollo Temprano. *Conciencia Tecnológica, 49*.

Carlsson, B.; Braunerhjelm, P., & McKelvey, M. (2013).The evolving domain of entrepreneurship research. *Small Business Economic 41*(1), 913-930.

Conrado-Paredes, M. (2015). Innovación y Emprendedurismo como alternativa de solución. *Revista Torreón Universitario, 4(8)*.

Chung, L.H. & Gibbons, P.T. (1997) Corporate entrepreneurship: The roles of ideology and social capital. *Group & Organization Management, 22*(1), 10-30.

Dushnitsky, G., & Lenox, M. (2006).When does corporate venture capital investment create firm value? *Journal of Business Venturing, 21*(6), 753-772.

Escamilla, Z.; Caldera, D., & Carrillo, S. (2012). Burocracia y financiamiento ¿inhibidores del emprendimiento en México? Un breve análisis. *Anuario electrónico de estudios en Comunicación Social, 5*(2), 143-159.

Espinosa-Mejía, F.; Amezcua-García, E., & Arroyo-Grant, M. (2014). El emprendimiento en las mipymes ante el desempleo y la corrupción en México. *Ciencia administrativa, 2*(1).

Estela, C., & Ornelas, C. (2015). El Espíritu Emprendedor y un factor que influencia su desarrollo temprano. *Conciencia Tecnológica, 49*(1).

Gabrielsson, M.; Dimitratos, P., & Gabrielsson, P. (2014). International Entrepreneurial Culture and Growth of International New Ventures. *Management International Review, 54*, 445–471

Gajón-Gómez, E., Reyna-García, G., Armenteros-Acosta, M., & Mijares-Villarreal, M. (2014). *Innovando la educación en México: factores internos que impactan al emprendimiento universitario.* Paper presented at the Global Conference on Business and Finance.San José. Costa Rica

Gezer, I., & Pedrada Cardoso, S. (2015). Emprendurismo e sua simplicações na inovação e desenvolvimento: Uma análise multivariada com indicadores socioeconómicos. *Georgetown University - Universia. 9*(2), 43-60.

Gómez-Villanueva, J.; Llonch-Andreu, J., & Rialp-Criado, J. (2010a). Orientación estratégica, innovación y resultados en PYMES de nueva creación: el rol del marketing. *Cuadernos de Gestión Nº especial AEMARK 10*(1), 85-110.

Gómez-Villanueva, J. E.; Llonch-Andreu, J., & Criado, J. R. (2010b). Influencia de la orientación al mercado en la función empresarial: su impacto en la capacidad de innovación y en los resultados de la Pyme española. *Revista Internacional de la Pequeña y Mediana Empresa, 1*(1), 46-67.

Ireland, D.; Kuratko, D., & Morris, M. (2006a). A health audit for corporate entrepreneurship: innovation at all levels: part I. *The Journal of Business Strategy, 27*(1), 10-17.

Ireland, D.; Kuratko, D., & Morris, M. (2006b). A health audit for corporate entrepreneurship: innovation at all levels: part II. *The Journal of Business Strategy, 27*(2), 21-31.

Jaramillo-Villanueva, J., Escobedo-Garrido, J., Morales-Jiménez, J., & Ramos-Castro, J. (2012). Perfil emprendedor de los pequeños empresarios agropecuarios en El Valle de Puebla, México. *Universidad Libre, Cali, Colombia, 3(29).*

Kai - Ping, H. (2014). *The Effects of Proactive Entrepreneurship and Social Adaptability on Innovation: A Study of Taiwanese SMEs Operating in China.* Unpublished Tesis doctoral , The University of Technology, Sydney. Australia

Ketchen, D., Duane Ireland, R., & Snow, C. (2007). Strategic Entrepreneurship, Collaborative Innovation and Wealth Creation. *Strategic Entrepreneurship Journal, 1*(1), 371-385.

López, J., & Ruiz-Ruano, A. (2014). Modelado de la intención emprendedora con redes bayesianas. *Revista de Psicología 23*(2).

Lumpkin,G, & Dess, G. (1996). Clarifying the entrepreneurial orientation construct and linking it to performance. *Academy of Management Review, 21,* 135-172.

McFadzean, E., & O' Loughlin, A. (2005). Corporate entrepreneurship and innovation part 1: the missing link. *European Journal of Innovation Management, 8*(3), 350-372.

McGrath, R, & Keil T. (2006).Extracting Value from Corporate Venturing. *MIT Sloan Management Review, 48*(1), 50-56.

Martins, I., & Rialp, A. (2013). Entrepreneurial orientation, environmental hostility and SME profitability: a contingency approach. *Cuadernos de Gestión 13*(2), 67-88.

Miles, M., & Covin, J. (2002). Exploring the Practice of Corporate Venturing: Some Common Forms and Their Organizational

Implications. *Entrepreneurship: Theory and Practice, 26*(3), 21-40

Narváez-Sandino, M. (2012). Dimensiones del emprendedurismo desde una visión universitaria *ING-NOVACIÓN, 4, 1-7.*

Nasution, H.; Mavondo, F.; Jekanyika, M., & Ndubis, N. (2011). Entrepreneurship: Its relationship with market orientation and learning orientation and as antecedents to innovation and customer value. *Industrial Marketing Management, 40*(1), 336-345.

Navarro – García, A.; Calvo-Mora, A. & Rey-Moreno, M. (2015). Antecedents and consequences of export entrepreneurship. *Journal of Business Research, 68* (1) 1532–1538.

Núñez-Ramírez, M.; Mercado-Salgado, P., & Madrigal-Torres, B. (2014). Autoestima y habilidades emprendedoras en estudiantes de ciencias económico-administrativas de la Universidad de Guadalajara. *Revista COMUNI@CCIÓN, 5*(5).

Paradkar, A., Knight, J., & Hansen, P. (2015). Innovation in start-ups: Ideas filling the void or ideas devoid of resources and capabilities? *Technovation, 41*(42), 1-10.

Pedraza, A.; Ortiz-Zabala, C., & Pérez-Barrios, S. (2015). Perfil emprendedor del estudiante de la Universidad Industrial de Santander. *Revista Educación en Ingeniería, 10(19).*

Ratten, V. (2011). Sport-based entrepreneurship: towards a new theory of entrepreneurship and sport management. *International Entrepreneurship Management Journal, 7*(1), 57-69.

Ruiz-Arroyo, M.; Sanz-Espinosa, I. & Fuentes-Fuentes, M. (2015). Alerta emprendedora y conocimiento previo para la identificación de oportunidades emprendedoras: el papel moderador de las redes sociales. *Investigaciones Europeas de Dirección y Economía de la Empresa, 21* (1), 47-54.

Russell, R. (1999). Developing a process model of intrapreneurial systems: a cognitive mapping approach. *Entrepreneurship: Theory and Practice, 23*(3), 65-84.

Sanchis-Palacio, J.; Campos-Climent, V. & Mohedano-Suanes, A. (2015). Factores clave en la creación y desarrollo de cooperativas. Estudio empírico aplicado a la comunidad valenciana. *REVESCO, 119,* 183-207.

Schildt, H., &Maula, M. (2005). Explorative and Exploitative Learning from External Corporate Ventures. *Entrepreneurship:*

Theory and Practice, 29(4), 493-515.

Stevenson, H. & Jarillo. (1990). A paradigm of Entrepreneurship: Entrepreneurial Management. *Strategic Management Journal, 11*(5), 17- 27.

Stopford, J., & Baden, C. (1994).Creating corporate entrepreneurship. *Strategic Management Journal, 15,* 521-536.

Tajeddini, K., & Mueller, S. (2012). Corporate entrepreneurship in Switzerland: evidence from a case study of Swiss watch manufacturers. *International Entrepreneurship Management Journal, 8*(1), 355-372.

Tanas, J., & Audretsch, D. (2011).Entrepreneurship in transitional economy. *International Entrepreneurship Management Journal,* 7(1), 431-442.

Teng, B. (2007). Corporate Entrepreneurship Activities through Strategic Alliances: A Resource-Based Approach toward Competitive Advantage. *The Journal of Management Studies, 44*(1), 119-142.

Vinaixa, J. (2010). Entrepreneurship. *Documentos digitales del Diplomado Europeo de Enseñanzas de la Gestión.* Escuela Superior de Dirección y Administración de Empresas. Barcelona.

Venkataraman, N. (2000). *Estrategic Orientation of Business Enterprises: The Construct, Dimensionality and Measurement.* Ed. Massachusetts Institute of Technology, Boston.

Wang, V.; Lou, H. & Wang, Y. (2015). Differences in organizational website design across cultures. A comparative study of US and Chinese industrial SMEs. *Asia Pacific Journal of Marketing and Logistics, 27*(4), 582-599.

Wen-Wu, C. & Kun-Huang, H. (2015).Global entrepreneurship and innovation in management. *Journal of Business Research* 68 (1), 743–747.

Yeniyurt, S. & Henke, J. (2014). A longitudinal analysis of supplier involvement in buyers' newproduct development: working relations, inter-dependence, co-innovation, and performance outcomes. *Journal of the Academic Marketing Science* 42, 291–308.

Yu-Kay, W. & Changwha, C. (2015). The drivers of international corporate entrepreneurship: CEO incentive and CEO monitoring mechanisms. *Journal of World Business 50,* 742–753.

Zehir, C., & Eren, S. (2007). Field Research on Impacts of Some

Organizational Factors on Corporate Entrepreneurship and Business Performance in the Turkish Automotive Industry. *Journal of American Academy of Business, 10* (2), 170-176.

Zheng, W.; Yang, B. & Mc Lean, G. (2010). Linking organizational culture, structure, strategy, and organizational effectiveness: Mediating role of knowledge management. *Journal of Business Research 63* (1), 763–771.

Anexo 1. Análisis estadístico de correlación entre las principales variables que integran el entrepreneurship.

Correlations		Innov.	Riesgo	Efic.	Comp.	Aptits.	Estrat.	Pract.	Cont.	Inic.	Prod.	Capac.	Oport.	Control	Valores	Respons.	Liderazgo	Cambio	Proact.	Autonomia
Innovación (Innov.)	Pearson Correlation	1																		
	Sig. (2-tailed)																			
Propensión al riesgo (Riesgo)	Pearson Correlation	,343*	1																	
	Sig. (2-tailed)	,035																		
Eficiencia empresarial (Efic.)	Pearson Correlation	,126	-,193	1																
	Sig. (2-tailed)	,453	,246																	
Competitividad (Comp.)	Pearson Correlation	,091	-,171	,228	1															
	Sig. (2-tailed)	,588	,303	,169																
Aptitudes emprendedoras (Aptits.)	Pearson Correlation	,150	-,169	,156	,573**	1														
	Sig. (2-tailed)	,370	,312	,350	,000															
Estrategias empresariales (Estrat.)	Pearson Correlation	,169	-,152	-,092	-,010	,281	1													
	Sig. (2-tailed)	,311	,363	,584	,951	,088														
Buenas prácticas (Pract.)	Pearson Correlation	-,215	-,193	-,027	,228	,156	,295	1												
	Sig. (2-tailed)	,194	,246	,872	,169	,350	,072													
Contexto externo (Cont.)	Pearson Correlation	,259	,152	,156	,240	-,056	-,215	,156	1											
	Sig. (2-tailed)	,117	,363	,350	,147	,740	,194	,350												
Iniciativa empresarial (Inic.)	Pearson Correlation	-,208	-,012	-,126	-,091	-,040	-,041	,215	-,040	1										
	Sig. (2-tailed)	,209	,945	,453	,588	,810	,809	,194	,810											

Variable	Measure																				
Productos y servicios (Prod.)	Pearson Correlation	,244	-,012	-,126	-,206	-,150	,088	,215	,069	,208	1									
	Sig. (2-tailed)	,140	,945	,453	,215	,370	,600	,194	,681	,209										
Capacidad de generación de valor (Capac.)	Pearson Correlation	,178	,275	-,156	,094	,161	,215	,173	-,050	-,069	,368*	1								
	Sig. (2-tailed)	,284	,094	,350	,576	,334	,194	,298	,766	,681	,023									
Oportunidad (Oport.)	Pearson Correlation	-,191	-,090	-,148	-,314	-,312	,121	-,148	-,206	,081	,410*	-,112	1							
	Sig. (2-tailed)	,252	,590	,375	,055	,056	,468	,375	,214	,629	,011	,505								
Control de recursos (Control)	Pearson Correlation	-,007	,048	-,085	-,100	-,027	,168	-,085	-,156	,007	-,127	-,102	,314	1						
	Sig. (2-tailed)	,967	,774	,612	,549	,871	,314	,612	,348	,967	,448	,542	,055							
Valores éticos (Valores)	Pearson Correlation	,180	,201	-,039	,078	,224	,146	-,039	-,012	,064	,064	,012	,025	,456**	1					
	Sig. (2-tailed)	,279	,226	,817	,640	,177	,382	,817	,941	,701	,701	,941	,882	,004						
Responsabilidad social empresarial (Resp.)	Pearson Correlation	,180	,201	-,039	,078	,224	,146	-,039	-,012	,064	,064	,012	,025	,456**	1,000**	1				
	Sig. (2-tailed)	,279	,226	,817	,640	,177	,382	,817	,941	,701	,701	,941	,882	,004	,000					
Liderazgo	Pearson Correlation	-,039	,147	-,098	-,305	-,151	-,052	-,098	-,271	,163	,163	,031	,183	,131	,127	,127	1			
	Sig. (2-tailed)	,816	,380	,557	,063	,365	,757	,557	,100	,328	,328	,851	,270	,433	,448	,448				
Adaptabilidad al cambio (Cambio)	Pearson Correlation	,209	,403*	-,140	-,053	-,045	,026	-,140	-,045	,122	,233	,258	,197	,083	,276	,276	-,147	1		
	Sig. (2-tailed)	,207	,012	,401	,751	,789	,875	,401	,789	,465	,160	,117	,235	,622	,093	,093	,380			
Proactividad (Proact.)	Pearson Correlation	,169	,224	-,092	-,010	,033	-,019	-,092	-,091	-,297	-,041	,215	-,252	-,288	-,131	-,131	-,052	-,099	1	
	Sig. (2-tailed)	,311	,176	,584	,951	,846	,909	,584	,585	,070	,809	,194	,127	,080	,432	,432	,757	,554		
Autonomía en la toma de decisiones (Autonomía)	Pearson Correlation	,297	,332*	-,064	-,281	-,098	,149	-,064	-,098	-,297	,025	,098	-,194	-,010	-,092	-,092	-,056	-,017	,516**	1
	Sig. (2-tailed)	,070	,042	,703	,088	,556	,371	,703	,556	,070	,879	,556	,244	,952	,584	,584	,739	,921	,001	

*. Correlation is significant at the 0.05 level (2-tailed).

**. Correlation is significant at the 0.01 level (2-tailed).

N = 38 posibles relaciones biunívocas entre variables

Factores de posicionamiento de mercado según el modelo Delta y la aplicación de la RSE*

Dr. Erico Wulf Betancourt
Mg. Sebastián Rossel
Universidad de La Serena

RESUMEN

La responsabilidad social empresarial (RSE) es muy importante para las empresas y su interacción con los accionistas y grupos de interés. La RSE hace una diferencia en la imagen, costos financieros, prestigio y valores corporativos valiosos. Considerando el Modelo Delta, ¿cuál es la relevancia del posicionamiento de mercado para aplicar los lineamientos de la RSE?

Esta investigación busca algunas respuestas en base a una investigación realizada en dos fases. La primera, que constata el rol de los valores y, a continuación, el rol de las definiciones de políticas de gestión para aplicar RSE. Las principales conclusiones destacan primero la relevancia de los valores para que la RSE funcione adecuadamente. Empresas con valores débiles, difícilmente pueden construir una cultura de RSE. En segundo lugar, las definiciones de políticas respecto de RSE, complementan los valores concernientes a la relación empresa-stakeholders (trabajadores, comunidad, reguladores). Estas dos condiciones son necesarias, pero no suficientes, para cerrar las fronteras de la RSE. Esta tercera fase testea la hipótesis del rol del posicionamiento de mercado para implementar RSE. Aquellas empresas focalizadas en el producto, tienen distintos niveles de compromiso con la RSE, a diferencia de aquellas focalizadas en el servicio al consumidor o la consolidación del sistema, en las que los incentivos para aplicar RSE son más importantes.

I. INTRODUCCIÓN

Las empresas han estado implementando nuevas modalidades de

**Asistentes de Investigación: Alejandra Sánchez, Ing. Comercial ULS y Andrea Leyton, Ing. Comercial ULS.*

gestión para relacionarse con la comunidad, sus accionistas, sus trabajadores y potenciales inversionistas nacionales y extranjeros. Este cambio se explica por la transformación que está ocurriendo en el entorno externo e interno de la organización, en que prevalece un mayor escrutinio de las acciones empresariales, y un avance extensivo de las nuevas tecnologías que facilita la inclusión de nuevas variables en las decisiones de gestión.

No todas las empresas, reaccionan de igual forma a estas transformaciones del entorno, que imponen mayores exigencias, y le agregan complejidad a sus decisiones y estrategias. Muchas pueden reaccionar revisando sus procesos internos y fortaleciendo los valores de su proyecto de negocios. Otras, en cambio, podrían no modificar sus modelos de gestión. Su visión en este caso, de lo socialmente valorable, no traspasa el ámbito de responder a sus accionistas, sus consumidores o sus mandantes directos.

Desde el punto de vista ético, sin embargo, se agiliza la adaptación de las empresas para aplicar RSE, en tanto ésta es una primera aproximación para "moralizar" las utilidades de la empresa. Dentro de una comunidad y, en la sociedad en general, existe una interacción estratégica entre sus integrantes, que justifica fomentar y aplicar aquellos valores, que sintonizan a la empresa con su entorno, en particular cuando existe interdependencia estratégica, en que actuar con responsabilidad se constituye casi en un imperativo. La RSE es un medio de vinculación con la comunidad, en base a valores que son compartidos con la empresa. Esta investigación explora para tal propósito, el rol del posicionamiento de mercado.

Los objetivos de esta investigación son:

• Analizar a partir del Modelo Delta, el rol del posicionamiento de mercado como inductor de la aplicación de la RSE.

• Identificar la existencia (o no), de un Ciclo de Vida de la RSE.

II. METODOLOGÍA

El enfoque de investigación es cuantitativo, pues se trata de constatar el hecho en base a una realidad estable. El procedimiento de muestreo utilizado es no probabilístico.

Para la elección de la muestra, se consideran 40 empresas de la ciudad de La Serena, cuyo enfoque de gestión, incluye variables de RSE y alguna de las tres posibilidades del Modelo Delta: el producto, el servicio o la consolidación del sistema. Una vez definida la unidad de análisis, se delimita la población objeto de estudio, para establecer con claridad sus características y los parámetros muestrales. Los datos serán procesados utilizando material estadístico (SPSS), al igual que las pruebas de validación o rechazo de la hipótesis de investigación.

III. MARCO TEÓRICO

Existe amplia evidencia de la importancia de la RSE en los modelos de gestión de las empresas, así como de sus implicancias en relación a definiciones de gobierno corporativo, al igual que los principios y valores de gestión. Las empresas que aplican RSE, tienen una ventaja importante en términos de los costos de financiamiento, pues la estabilidad y sostenibilidad que obtienen de estas prácticas de gestión, les permite un horizonte de manejo más amplio, con menor incertidumbre respecto de otras alternativas de inversión. Idéntico argumento para los casos en los que la práctica de RSE consolida y proyecta imagen corporativa, o posicionamiento de marca, activos intangibles importantes, que refuerzan valores como el prestigio, credibilidad, transparencia y la confianza, todos activos de alta valoración en los mercados de inversión, pues son parte de las ganancias de valor que se obtiene con el negocio.

Un aspecto importante de esta práctica de gestión, es como la empresa incluye y se relaciona con la comunidad. Esta interacción es relevante, porque existe una distorsión recurrente en experiencias empresariales, de considerar la RSE como equivalente a realizar filantropía o limitar su alcance a acciones de servicio (donaciones, becas), sin objetivos estratégicos vinculantes con las expectativas de la comunidad y que se reflejen en mejores resultados.

La revisión de la literatura, destaca el rol de la vinculación externa, en particular en los casos de las empresas mineras, con exigencias de RSE más complejas (De Oliveira, 2015; Piasecki, 2016). Modelos alternativos, enfocan la RSE desde el punto de vista de la etnografía y relativismo cultural (Kottak, 2011), el liderazgo, (Claasen y Roloff, 2012; Chía, 2011), cambio social y organizacional (Owen y Kemp, 2012), y la teoría funcional estructural, basada en el modelo de Parsons (2009), que distingue cuatro imperativos funcionales de una organización: adaptación, objetivos, integración y latencia.

Dentro de esta última visión, hay que incluir los factores ambientales y su impacto en la rentabilidad (Ascinelli, 2010), el rol de la RSE en los resultados financieros (López de Olivera y Moneva, 2011), al igual que enfoques recientes que adscriben la RSE dentro de un contexto de responsabilidades más amplias (legal, ambiental, laboral) (Medina y Severino, 2015), o los aspectos valóricos que también se incluyen en el ámbito de la RSE (Mercader, 2015; Wulf, 2014). No menos relevante, es considerar la responsabilidad social dentro del emprendimiento (Espinosa, 2016).

Todos estos modelos, relacionan las prácticas de RSE con un formato específico de vinculación con la comunidad, ya sea de tipo cultural, social, ambiental, económico, valórico o geográfico, conducente en los casos más avanzados a construir capital social, que agrega complejidad a la implementación de RSE. En consecuencia, los costos fijos de implementar RSE, se incrementan a medida que se asumen niveles de mayor complejidad, tanto en los contenidos y alcances, como en los requerimientos organizacionales y competencias que se necesitan para mantener en el tiempo las acciones de RSE.

Parece evidente que algunas empresas efectivamente aplican RSE, solo si tienen las competencias y recursos para ello. No obstante, la cantidad de empresas que no aplica RSE, es tal que es probable que existan otros factores que influyan en la mantención de modelos de gestión tradicionales y de orientación de corto plazo (Mercader, 2015). Es de interés, entonces, plantearse la pregunta ¿por qué las empresas no aplican RSE? ¿Será porque no tienen valores incorporados como parte de su modelo de gestión, los costos de seguir el modelo RSE lo hace prohibitivo, o se necesitan objetivos de largo plazo y competencias específicas para consolidar el modelo y obtener sus frutos?

La hipótesis central es que la Responsabilidad Social Empresarial, responde a una nueva forma de relacionar la empresa con la comunidad, para construir capital social, y no solo restringida a la provisión de un producto o servicio, la obtención de utilidades, la construcción de imagen, marca o *benchmarking*.

La empresa es parte de diversas redes, en las que se genera una interacción estratégica entre sus integrantes. La comunidad es parte de esas redes, tal como son los clientes, los proveedores, etc. Esta visión de los negocios, involucra dentro de este marco a la comunidad, haciéndola participe de la filosofía y valores de gestión de una empresa.

La empresa no tiene como asumir aquellos valores que no le son propios, o con los que no tiene identificación alguna, si no es porque la comunidad, sus accionistas y sus clientes internos y externos los validan y aceptan. Por ello, es que se genera conexión con valores como la estabilidad, compromiso, responsabilidad, calidad. En todo caso, las responsabilidades y deberes de la empresa con estos valores, se relacionan con lo que esta intrínsecamente relacionado con su misión y filosofía de negocios. El argumento es que la obtención de utilidades, no excluye ni es incompatible con las consideraciones sociales del entorno, el rol de la comunidad y su dotación de capital social, que la empresa está llamada a acrecentar.

En esta argumentación, se hace abstracción del hecho de que no existe una aproximación única al tema de la Responsabilidad Social Empresarial, pues lo que constituye una organización o empresa "responsable", difiere tanto al interior de un país, como entre un país y otro.

Lo esencial es comprender la RSE como expresión de una conducta ética de la empresa que asume una moral que se *aplica*, muy distinto a aplicar una moral que se *asume*. Es lo que se entiende como el "Dilema de estructura" y el paradigma de la "Economía interaccional".

En la economía interaccional, cada acción realizada por los individuos es parte del plano de interacción estratégica. Cada individuo debe tener en mente que interactúa con otros individuos, que tienen sus propias metas y objetivos, los cuales tratarán de alcanzar, motivados por un propósito egoísta. La empresa, también es parte de esta interacción.

La eficiencia, se obtiene en la medida en que a cada cual se le asegura un proporción dentro de las ganancias recíprocas, que se obtienen de las interacciones productivas (Buchanan, 1996). Los intereses comunes devienen en una interacción humana deseable, como es el orden social, y los intereses divergentes surgen del compartir las ganancias mutuas.

La empresa interactúa con la comunidad no solo en la dimensión de proveer bienes o/y servicios, sino que también en las interacciones estratégicas que se generan a partir de la formación de redes, para resolver temáticas compartidas, tales como la cultura, la seguridad, el medio ambiente, el arte, la calidad, la transparencia, la participación, en las que existen intereses convergentes. No obstante, también hay intereses divergentes, en tanto para crear riqueza, la empresa utiliza recursos de propiedad común, en desmedro de usos alternativos, que podrían ser de mayor interés para la comunidad.

Si bien, y asumiendo derechos de propiedad definidos, el mercado resuelve el problema de la asignación, para asegurar que dichos usos sean los de mayor rendimiento, no es menos válido que las áreas de interés entre la empresa y la comunidad pueden diferir, pues la perspectiva de los juicios de valor para la evaluación de los rendimientos del mercado, es distinta. La empresa los evalúa en términos de rendimientos privados, mientras que la comunidad, los evalúa en términos de rendimientos sociales. Por ejemplo, en la actualidad, la mantención de un parque es valorable para la comunidad, pero puede no serlo para una empresa, que necesita capacidad física para sus instalaciones. Pero, si la empresa ha definido un compromiso con la calidad de vida de la comunidad, o al menos de sus trabajadores, se conecta instantáneamente con la opción de ayudar a mantener el parque. En consecuencia, la responsabilidad social empresarial, se enmarca en el plano de las normas éticas no tanto por la justificación, como por la validación que se deriva de dicha interacción, en el que las restricciones orientan las acciones que por ende, deben ser intrínsecamente "responsables".

El empresario se guía por los valores de la comunidad, con todas sus inconsistencias. La responsabilidad social empresarial, hace suyos aquéllos en los cuales la empresa y la comunidad coinciden.

Para definir aquellos valores, la premisa es que a medida que avanza la civilización, los individuos llegan a reconocer cada vez más que la sociedad de seres humanos, sin consultar los intereses de todos, es imposible. Además, el perfeccionamiento de las instituciones, elimina la oposición de intereses, las barreras y desigualdades, que alientan a los ciudadanos a hacer caso omiso de las demandas recíprocas.

IV. EL MODELO DELTA

Este modelo se focaliza en el cliente. Se distancia del paradigma de la competencia fundada en la rivalidad, y se orienta más hacia perfiles de cooperación, precisamente porque las empresas deben estar focalizadas en el cliente más que en el producto. El cliente, actúa como factor de convergencia para tales soluciones cooperativas.

Figura N° 1

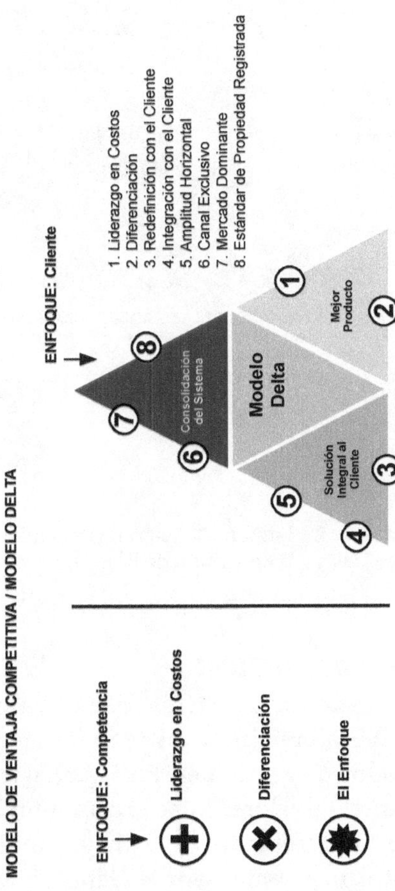

Fuente: Wulf, E.; Ramírez, A; Leyton, A. "La relación entre el posicionamiento estratégico del Moldeo Delta y la aplicación de RSE". Documento de trabajo, ULS 2016 .

Figura N°2

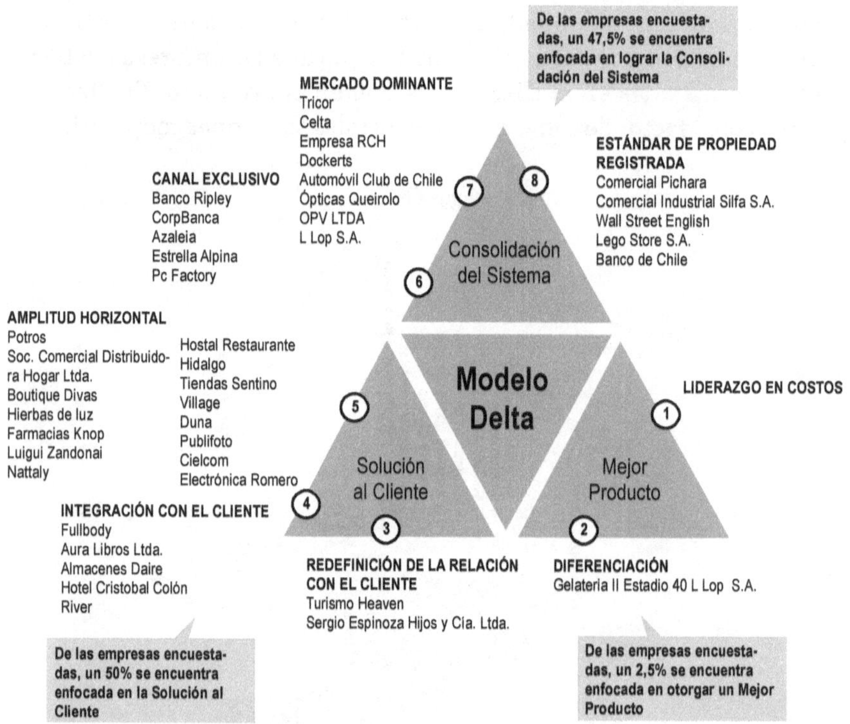

Fuente: Wulf, E.; Ramírez, A; Leyton, A. "La relación entre el posicionamiento estratégico del Moldeo Delta y la aplicación de RSE". Documento de trabajo, ULS 2016 .

V. RESULTADOS Y DISCUSIÓN

Una investigación reciente en la Universidad de la Serena (2014), destaca el rol de los valores internos (AC: 0,865), como punto de partida para modelos de gestión en RSE. Además, los resultados, muestran la relevancia de valores como el compromiso, y la responsabilidad, al igual que el incremento de la imagen interna, una óptima relación con el entorno y, una mayor eficiencia interna. Dentro del mismo proyecto, una segunda investigación (2015), constató que en las empresas Pequeñas, un 66,6% desconoce cómo incorporar RSE dentro de su empresa (AC : 0,631), y un 41,7% sostiene que la RSE no cambia los resultados a corto plazo. Respecto de las empresas medianas, un 66,6 % afirma que no dispone de recursos para incorporar la RSE, y perciben la RSE como un gasto, antes que una inversión. En las Grandes empresas en cambio, un 50% señala que no aplican RSE, debido al desinterés de la alta dirección o dueños, y un similar porcentaje, indica que sus valores de gestión no involucran a la comunidad. (AC : 0,919).Finalmente, un 58,8% de los entrevistados, enlaza la decisión de aplicar la RSE, con las definiciones de la alta gerencia.

La ausencia de algunos valores (respeto y comunicación), dificulta seguir los criterios de RSE, aunque no definitivamente, pues un 43% de los encuestados, señala que desconoce la RSE. Implícitamente, se asume que si esta carencia, pudiera corregirse, las empresas aplicarían en sus modelos de gestión la responsabilidad empresarial.

El argumento es que desde el punto de vista de la eficiencia, no aplicar RSE, implica que la empresa queda dentro de su frontera de posibilidades de producción, o en el mejor de los casos, si existieran razones objetivas que lo justifiquen, aplicar RSE sería equivalente al criterio del "segundo mejor". En consecuencia, debería existir alguna variable adicional que induce a implementar RSE. La hipótesis de trabajo, es que tal variable es el posicionamiento de mercado según lo ´propuesto por el Modelo Delta. (AC : 0,722). En la medida que aumenta la complejidad de dicho posicionamiento, se podría identificar un ciclo de vida de la RSE, cuya densidad varia a lo largo de dicho ciclo, partiendo por niveles funcionales y básicos de RSE (Enfoque en el producto), hasta compromisos más complejos e inclusivos (consolidación del sistema).(AC:0,869):El nivel de correlación (corte transversal)entre el modelo Delta y la RSE, es bastante satisfactorio (0.71).

Figura N° 3

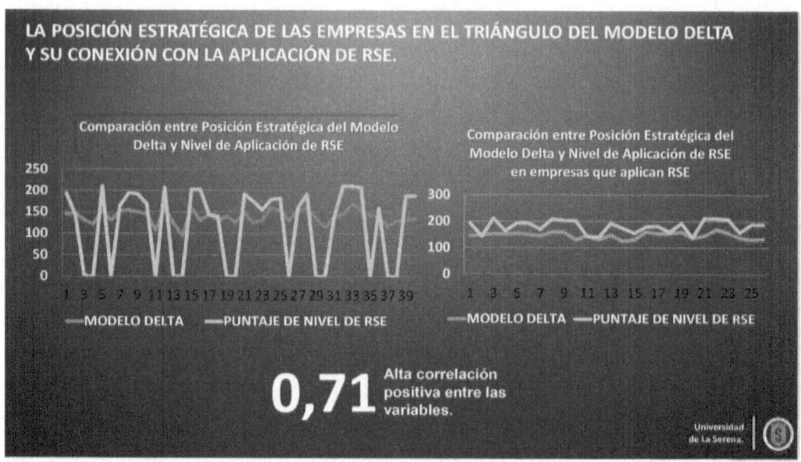

Fuente: Wulf, E.; Ramírez, A; Leyton, A. "La relación entre el posicionamiento estratégico del Moldeo Delta y la aplicación de RSE". Documento de trabajo, ULS 2016 .

Figura N° 4

Fuente: Wulf, E.; Ramírez, A; Leyton, A. "La relación entre el posicionamiento estratégico del Moldeo Delta y la aplicación de RSE". Documento de trabajo, ULS 2016 .

VI. ÍNDICE DE RELACIÓN ENTRE EL MODELO DELTA Y LA APLICACIÓN DE LA RSE

Considerando las 40 empresas de la muestra (cuadro N°1), el rango de puntuación y clasificación, se define de la siguiente forma:

0,125-0,49 Bajo nivel de aplicación de RSE y escaso posicionamiento estratégico de mercado

0,5-0,874 Nivel medio de aplicación de RSE y de posicionamiento estratégico de mercado

0,875-1 Alto nivel de RSE y de posicionamiento estratégico de mercado.

La construcción del índice de RSE, se basa en una escala de décimos construida para los cuatro niveles de RSE (Nulo, No aplica, Medio y Alto), y los ocho criterios de ordenamiento para el posicionamiento estratégico en el modelo Delta (Majluf, 2011): Liderazgo en costos, diferenciación, redefinición con el cliente, integración con el cliente, amplitud horizontal ,canal efectivo , mercado dominante, estándar de propiedad registrada.

El siguiente cuadro, ilustra los resultados para cada empresa dentro de la escala resultante y el índice de RSE obtenido.

Cuadro N° 1

N° de Nivel	Puntahe RSE	N° de Posición Estratégica	Punto de Modelo Delta	N° de empresa	Índice de vinculación entre Nivel de RSE y Nivel de Modelo Delta
4	80	6	60	Banco Ripley S.A.	0,88
2	20	5	50	Nattaly	0,44
1	10	5	50	Villlage	0,38
1	10	4	40	Fullbody	0,31
4	80	7	70	Tricot	0,94
1	10	5	50	Duna	0,38
3	50	5	50	Publifoto	0,63
4	80	8	80	Comercial Pichara	1,00
4	80	6	60	CorpBanca	0,88
3	50	5	50	Tiendas Sentido	0,63
1	10	3	30	Turismo Heaven	0,25
4	80	8	80	Comercial Industrial Silfa S.A.	1,00
1	10	4	40	Aura Libros Ltda.	0,31
1	10	2	20	Gelateria Il Estadio 40 L Lop S.A.	0,19
4	80	7	70	Celta	0,94
4	80	7	70	Empresa RCH	0,94
2	20	5	50	Cielcom Ltda.	0,44
2	20	4	40	Almacenes Daire	0,38
1	10	4	40	Hotel Cristobal Colón Ltda.	0,31
1	10	5	50	Hostal Restaurante Hidalgo	0,38
4	80	6	60	Azalela	0,88
3	50	7	70	Dockerts	0,75
3	50	5	50	Potros	0,63
3	50	8	80	Wall Street English	0,81
4	80	6	60	Estrella Alpina	0,88
1	10	4	40	River	0,31
3	50	5	50	Soc. Comercial Distribuidora Hogar Ltda.	0,63
4	80	7	70	Automóvil Club de Chile	0,94
1	10	5	50	Boutique Divas	0,38
1	10	5	50	Hierbas de Luz	0,38
2	20	5	50	Farmacias Knop	0,44
4	80	7	70	Ópticas Queirolo	0,94
4	80	8	80	Lego Store A.S.	1,00
4	80	8	80	Banco de Chile	1,00
1	10	5	50	Luigui Zandonai	0,38
3	50	6	60	Pc Factory	0,69
1	10	3	30	Sergio Espinoza Hijos y Cia. Ltda.	0,25
1	10	5	50	Electrónica Romero	0,38
4	80	7	70	OPV LTDA	0,94
4	80	7	70	L Lop S.A.	0,94

Fuente: Wulf, E.; Ramírez, A; Leyton, A. "La relación entre el posicionamiento estratégico del Moldeo Delta y la aplicación de RSE". Documento de trabajo, ULS 2016 .

Los resultados validan la hipótesis de vincular el posicionamiento estratégico de mercado según el modelo Delta, con la aplicación de modelos de RSE. Existe una alta correlación entre ambas variables (0,71). Igualmente, la RSE no se relaciona con los años de permanencia de la empresa en el mercado (0,38). En particular, mientras más sofisticado es tal posicionamiento (Consolidación del sistema), el nivel de aplicación de RSE es más significativo. Al contrario en los niveles de posicionamiento menos sofisticados (Producto), el nivel de aplicación de RSE es menor. Del mismo modo se valida la hipótesis de un ciclo de vida de la RSE, según aumenta la complejidad del posicionamiento de mercado.-

Figura N° 5

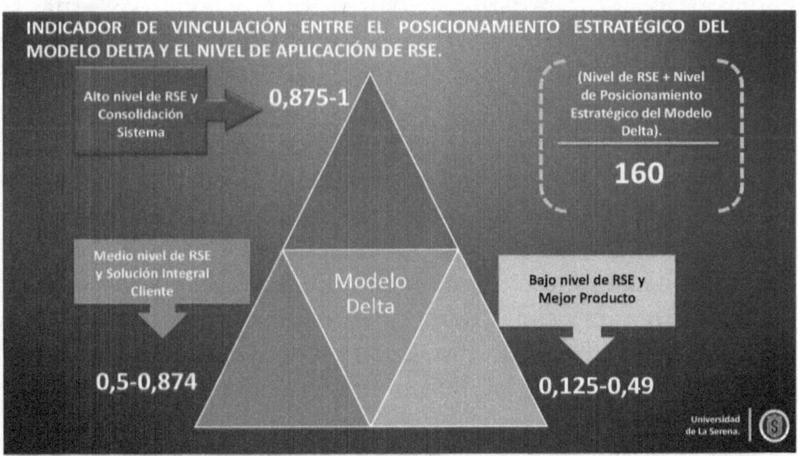

Fuente: Wulf, E.; Ramírez, A; Leyton, A. "La relación entre el posicionamiento estratégico del Moldeo Delta y la aplicación de RSE". Documento de trabajo, ULS 2016 .

VII. IMPLICANCIAS DE LA INVESTIGACIÓN Y LIMITACIONES

No se aplica RSE sin políticas de gestión explicitas para ello, o bien si no existen valores definidos dentro de la cultura corporativa. Para fines de imagen, las empresas pueden adherir ocasionalmente a prácticas de RSE.

El Modelo Delta (Hax, 2003), agrega una dimensión adicional en la aplicación de RSE: El posicionamiento de mercado y, con ello, da lugar al concepto del ciclo de vida de la RSE, medido por el índice de RSE.

La investigación tiene limitaciones, debido al reducido tamaño de la muestra (40 empresas), y a que son pertenecientes a un mismo sector (servicios). Esto impide explorar, de manera más intensiva, la hipótesis planteada. Es decir, estos resultados hay que considerarlos como preliminares. Una muestra más amplia, podría reforzar o moderar esta interacción entre el modelo Delta y la RSE.

VIII. CONCLUSIONES

Los valores validados dentro de la empresa, son prerrequisito de la aplicación de RSE. Tal es el caso de la honestidad, compromiso, la responsabilidad. En este sentido, es evidente que la empresa no podría propiciar la responsabilidad en su proyección externa, si no la aplica internamente. Del mismo modo, lo son las políticas de gestión. Estas corresponden a las directrices con la cual los valores de la organización se aplican y se incorporan en la actividad regular de la empresa, mediante un sentido de identidad y compromiso con sus contenidos, definiendo un estado de conciencia interna, que no puede menos que resultar en acciones socialmente responsables.-

En efecto, se constata una incidencia creciente de la RSE, evidenciada mediante un indicador de RSE. A medida que se avanza en niveles de complejidad dentro del posicionamiento del modelo Delta, el valor de este indicador se incrementa lo cual permite identificar niveles de RSE, que dependen del posicionamiento en el triángulo Delta.

El modelo Delta permite identificar un ciclo de vida de la RSE, que se vincula con aspectos específicos del posicionamiento de mercado, en que la RSE difiere en su alcance y densidad según si la empresa se encuentra en fase iniciales focalizadas en el producto, o aquella más avanzada de posicionamiento estratégico (Consolidación del sistema). A medida que se avanza en este posicionamiento, la RSE difiere en su nivel de madurez, el que alcanza su máximo cuando la empresa se encuentra en la fase de consolidación del sistema. A partir de ello, se inicia un nuevo ciclo con estándares más altos, y de mayor complejidad en la aplicación de RSE, que acerca a la empresa a estándares de vinculación más activa en la construcción de capital social.

De lo anterior se puede plantear que no es pertinente comparar modelos de RSE entre empresas que estén en distintas fase dentro del Modelo Delta. Incluso en términos de amplificar el impacto de estas acciones, mediante políticas publicas complementarias, hay que diferenciar niveles de complejidad en la aplicación de RSE, para estimar grados de respuesta, participación y eficacia. Es decir, una política de promoción de valores cívicos, culturales o artísticos, para fomentar el capital social con apoyo de las empresas, tendrá distintas respuestas y participación, en comparación a una política de promoción de la arborización o protección de los parques públicos, si es que no se diferencian los niveles de complejidad en la aplicación de la RSE. Mientras en el primer caso, se pueden esperar respuestas activas de las grandes empresas, en el segundo caso, de preferencia serán las medianas y pequeñas empresas con mayor interés en participar. Por supuesto, que no se excluye participación cruzada, pero el impacto se amplifica en la medida que se produce una afinidad de complejidad entre la aplicación de la RSE en la empresa, y el objetivo planteado.

REFERENCIAS

Accinelli, E. & De la Fuente, J. (2010).Responsabilidad Social empresarial y Desarrollo sustentable. Modelo matemático de las decisiones en la empresa. *Revista Contaduría y Administración 58*(3), 227-248. UNAM. México

Claassen, C. & Roloff, J. (2012). The link between responsibility and legitimacy: The case of De Beers in Namibia. *Journal of Business Ethics, (107)*, 379-398.

Chia, J. (2011). Communicating, connecting and developing social capital for sustainable organizations and their communities. *Australasian Journal of Regional Studies, 17*(3), 330-351.

De Oliveira U.(2015). Ethnography supporting Corporate Social Responsibility policies and practices: Work-based approach to social sustainable development. Documento de trabajo. Walden University. Australia.

Espinosa, R.; López, J. y Ruiz, D. (2016). Estudio de las variables asociadas al emprendimiento. Documento de trabajo. Universidad de Guanajuato. México.

Echeverría, R. (2003). *La Empresa emergente. La confianza y los desafíos de la transformación*. Ediciones Granica S. A.

Friedman, M. (1970). The social responsibility of Firms is to increase its profits. *New York Time Magazine*. New York.

Hax, A. & Wilde, D. (2003). El modelo Delta: Un nuevo marco estratégico. *Journal of Strategic Management Education*, MIT.

Kottak, C. P. (2011). *Antropologia Cultural*. México: McGraw Hill.

Medina, A. y Severino, P. (2015). "Responsabilidades Empresariales: Crítica a los Modelos de Gestión". Documento de trabajo Universidad del Bío Bío.

Mercader, V. (2016). "Responsabilidad Social: Causas y soluciones para un mejor desempeño". Documento de trabajo. Universidad Cetys, México.

Norma Chilena ISO 26000 (2010). Guía de Responsabilidad Social. Ministerio de Economía de Chile.

Owen, J. R. & Kemp, D. (2012). Assets, capitals, and resources: Frameworks for corporate community development in mining. *Business & Society, 51*(3), 382-408.

Parsons, T. (2009). *The social system*. Free Press. New York.

Wulf, E.; Monsalve, P. y Espinoza, P. (2014). Relevancia de los valores de gestión en empresas que incorporan RSE. Documento de análisis. Universidad de La Serena. Chile.

Wulf, E.; Sapiain, C.; Vanzi, G. (2015). "Descripción de las condiciones de aplicación de Responsabilidad Social Empresarial en empresas del sector terciario pertenecientes a las ciudades de Coquimbo y La Serena". Documento de trabajo.Universidad de La Serena.

Wulf, E. & Piasecki, R. (2014). The Corporate Social responsibility of Multinational enterprises in middle developed countries. Evidence from Chile and Polish Multinational. Conferencia global de Negocios y Finanzas. San José. Costa Rica.

SOBRE LOS AUTORES

Ryszard Piasecki. Doctor en Economía. Profesor Investigador, Universidad de Lodz. Ex embajador de Polonia en Chile. Profesor en programas de postgrado en universidades de Europa y América Latina. Autor de artículos y ensayos publicados en revistas de referencia internacionales. Conferencista en eventos internacionales relacionados con el desarrollo económico. (ryszard_p@poczta.onet.pl)

Erico Wulf B. Profesor Asociado. Investigador, Facultad de Ciencias Sociales y económicas, Universidad de La Serena. Master en Economía y Doctor en Administración de Negocios. Relator en seminarios internacionales. Profesor en programas de postgrado en Universidades de Chile y América Latina. Autor de artículos y ensayos publicados en revistas internacionales. (ewulf@ userena.cl)

Victor Mercader. Doctor en Liderazgo Educacional con Concentración en Desarrollo Organizacional Global y Valores Éticos. Profesor. Investigador, Universidad de Cetys, México. Autor de artículos publicados en revistas de referencia internacional. Relator en seminarios y congresos académicos internacionales. Consultor de empresas. www.mercaderconsultores.com (victor.mercader@cetys.mx)

Dennis Ruiz Almeyda. Investigador. Profesor. Universidad de Guanajuato. Magister of Science. Candidato a Doctor en Administración y Economía de Empresas de la Universidad de Holguín, Cuba. (dennisr@fe.uho.edu.cu)

José López Sánchez. Profesor e investigador de la Universidad de Extremadura, España. Doctor en Ciencias. Autor de numerosos artículos en revistas de referencia mundial. (jangel@unex.es)

Rafael Espinosa Mosqueda. Profesor e investigador de la Universidad de Guanajuato, México. Doctor en Administración. Autor de artículos en revistas de referencia mundial. Relator en seminarios internacionales. Profesor visitante en programas de postgrado en prestigiosas universidades de América Latina. (asesorneg@yahoo.com.mx)

Alex Medina Giacomozzi. Profesor Asociado. Investigador. Facultad de Ciencias Empresariales. Universidad del Bío Bío. Magíster en Administración y Dirección de empresas. Doctor en Finanzas y Contabilidad. Autor de artículos publicados en revistas de referencia internacional. Profesor de programas de postgrado. Profesor visitante en prestigiosas universidades nacionales y extranjeras. (alex@ubiobio.cl)

Pedro Severino González. Profesor Asistente. Magíster en Dirección de Empresas. Investigador. Facultad de Ciencias Empresariales, Universidad Católica del Maule. Autor de artículos publicados en revistas académicas de referencia. Expositor en congresos nacionales e internacionales con trabajos ligados con la responsabilidad social empresarial, responsabilidad social universitaria, gobierno corporativo y sustentabilidad. (pseverino@ucm.cl).

Sebastián Rossel Salas. Profesor Asistente. Investigador. Facultad de Humanidades, Universidad de La Serena. Magíster en Estudios Latinoamericanos - Mención Lingüística. Autor de artículos publicados en revistas de referencia nacional e internacional. (napellus@gmail.com)